当代闽商发展史

（1949—2012）

刘一彬 著

厦门大学出版社
XIAMEN UNIVERSITY PRESS

国家一级出版社
全国百佳图书出版单位

图书在版编目（CIP）数据

当代闽商发展史：1949—2012 / 刘一彬著. -- 厦门：厦门大学出版社，2023.12
　　ISBN 978-7-5615-9301-1

　　Ⅰ. ①当… Ⅱ. ①刘… Ⅲ. ①商业史-福建-现代 Ⅳ. ①F729.7

中国国家版本馆CIP数据核字(2024)第028897号

责任编辑	韩轲轲
美术编辑	张雨秋
技术编辑	朱　楷

出版发行　厦门大学出版社

社　　址	厦门市软件园二期望海路 39 号
邮政编码	361008
总　　机	0592-2181111　0592-2181406(传真)
营销中心	0592-2184458　0592-2181365
网　　址	http://www.xmupress.com
邮　　箱	xmup@xmupress.com
印　　刷	厦门集大印刷有限公司

开本	889 mm×1 194 mm　1/32
印张	8.25
插页	2
字数	205 千字
版次	2023 年 12 月第 1 版
印次	2023 年 12 月第 1 次印刷
定价	68.00 元

本书如有印装质量问题请直接寄承印厂调换

厦门大学出版社
微信二维码

厦门大学出版社
微博二维码

目　录

绪 论

　　意大利哲学家克罗齐有一句传播很广的名言:"一切历史都是当代史。"①这位新黑格尔主义哲学家其实是在重申黑格尔的基本立场:历史不是由互不关联的阶段和节点依时间顺序简单地排列,"历史本身"在时间中生长、发育、展开,就像种子在时间中发芽和生长一样。每个历史阶段都是它之前各历史阶段"发育"的结果,当代史在某种意义上是现代、近代甚至古代历史的集成和凝结。任何一个历史阶段只要存在过,就不会全然消失——过去的会隐身进入现在,甚至潜入未来。所以,一切历史都是当代史;反过来,当代史中蕴含了"一切历史"。

　　的确如此,中国商业是在改革开放前 30 年的"无"中生"有"的,但前 30 年的"无"并非绝对的"无"。中国在改革开放前 30 年的努力有不少是低效率甚至是破坏性的(比如"大跃进"),以至于"国民经济到了崩溃的边缘",但也有一些

---

① ［意］克罗齐(Benedetto Croce):《历史学的理论和历史》,北京:中国社会科学出版社,2005 年,第 6 页。

努力为改革开放后的经济发展留下了出乎意料的"遗产"。很少有人想到"学大庆"与中国作为"世界工厂"之间会有什么关联。与企业、公司、股份制等现代企业制度相比，"学大庆"的确是一种低效率的生产方式，但"学大庆"时期开展的工业大会战，给中国经济留下了较为齐全的基础设施。这些基础设施铺垫了"中国制造"拓展的骨架，实现了劳动密集型的初级工业化，这就为日后从农村吸引大量剩余劳动力进城务工的城镇化以及"中国制造"风靡世界打下了坚固的基础。

从新中国成立到改革开放之前，福建经济与全国经济一样经历了去市场化、反市场化的过程，表面上并无"闽商"可言。从商业史的角度看，那是"失去的30年"，但历史说到底是没有空白的，有空白的是支配着我们观察角度的思维方式。正是由于我们思想维度的单一和简陋，才出现了观察的盲点和盲区。因此，新中国成立后的闽商发展史不能仅仅简化为改革开放后的闽商发展史。

闽商，作为中国商帮的一支，积淀千年，在东南一隅孕育出了爱拼会赢、义利兼顾的独特的性格和气质。在中国的现代化进程中，闽商勇于冲破体制的束缚，创造机会，赢取财富；在现今商业全球化和中国建立社会主义市场经济的环境下，他们再度成为商业舞台上的焦点。"谋中兴于故郡，探方略于锦囊，运九筹之胜算，寄鸿志越风樯。"[①]如今，闽商已成为驰骋当今国内外市场的弄潮儿。绵延3000多

---

① 2007年第二届闽商大会开幕式上公布的《闽商宣言》。

千米的海岸线,太平洋西岸广袤的土地承载着福建人发家致富的梦想;涉水为生、蹈海求福,与风浪搏斗,铸就福建人坚韧不拔的意志;山多地少、内陆腹地的贫瘠,恰恰又催生了福建人不甘贫穷、为寻求财富而不畏任何风险和豪赌血拼的性格。① "一方水土养一方人",特有的自然地理环境和人文传统,成了福建人富有冒险精神,拥有开拓意识,敢于竞争的原动力,促使其形成乐观进取、强悍浪漫的性格特质。

当代闽商不同于传统闽商,他们在继承传统闽商勇于冒险、艰苦拼搏、和气生财、顺应时变等优良传统的同时,通过借商参政、借政促商、捕捉信息来发现商机并进行多元经营与资本运作。② 正缘于此,当代闽商总体而言历经了生意由小到大、经营内容从单一到多元、企业规模不断扩大、市场份额迅速增加的发展历程,涌现出一大批成功闽商企业,形成跨区域、跨行业的企业航母,甚至在某些区域和行业中出现了闽商的大量聚集效应。特别是当代异地闽商,以自己的胆识和智慧、敬业和韧性在海内外开辟了一番天地,创造了闽商企业的辉煌业绩,更是树立了闽商所特有的精明强干、赚钱有道的商帮形象,成为亨誉国内外、具有强大社会影响力的地域商人群体。同时,当代闽商发扬博大爱心,履行企业社会责任,积极参与公益慈善事业,涌现出曹德旺等多位中国慈善家,成为闽商杰出代表。

---

① 吴绪彬:《风生水起新闽商》,《政协天地》2010 年第 9 期。
② 吴绪彬:《风生水起新闽商》,《政协天地》2010 年第 9 期。

第一章
新中国成立至改革开放前的闽商
（1949—1978）

从新中国成立到 1956 年社会主义改造基本完成，中国共产党领导全国各族人民有步骤地实现了从新民主主义到社会主义的转变。在过渡时期中，如何对待新中国成立初期的商业与商人是我国社会主义建设的一个重大理论和实践问题。根据中国共产党在过渡时期的总路线，既不能一下子剥夺或排挤商业与商人，也不能听任其无限制地发展；而是要根据中国的国情，结合闽商的发展历史和现实情况进行科学的分析，创造性地走出一条具有中国特色的社会主义改造道路，即采取利用、限制、改造与和平赎买的政策，同时在思想上加以团结、教育、改造，逐步引导闽商走上公私合营的国家资本主义道路，并成为自食其力的建设社会主义事业的劳动者。

1956 年，在社会主义改造高潮中，福建众多闽商积极响应党和政府的号召，表现出很大的热情和积极性，他们和职工群众代表一起，以改善生产经营的实际行动来接受社会主义改造。特别是一些闽商的代表人物，不但自己带头接受改造,还积极协助政府开展工作。

经过了资本主义工商业的改造之后,中国进入了十年曲折的社会主义探索时期,国营工商业掌握了重要工农业产品的货源,在此基础上,逐步实行了有计划地组织商品流转的流通体制。这种体制自"一五"时期的后期起,基本上一直延续到改革开放前。在 1958 年的"大跃进"中,原本产权清晰的合作社被改造成"财产归大堆"的"二国营",私营经济被取消,闽商企业失去了独立经营的自主权。但在这种"大跃进"形势下,福建省在发展城镇集体经济的过程中能够适时调整"大跃进"以来被打破的某些经济平衡关系,认真贯彻中央的方针,对全民所有制进行了压缩,恢复和发展集体所有制,适当允许个体经济和个体经营的存在,大幅压缩基本建设投资和工业生产指标,对经济发展中的重大比例关系、管理制度等进行一系列改革,使其基本上符合客观实际和规律,较好地调动了手工业者的劳动积极性,从而指导福建工商业比较顺利地恢复和发展。[①]

"文革"期间,闽商的发展时起时伏,呈现出"三起三落"的发展趋势。政治局面相对缓和的时候,闽商就能得到发展;在相反的情况下,闽商不仅得不到发展,还会受到严重的干扰和破坏。直到"四人帮"倒台,开始实行改革开放政策之后,长期受到抑制的闽商才开始复苏并得到长足发展。

---

① 李长根:《试论十年探索中的福建城镇集体工业(1956—1966)》,《中国集体经济》2011 年第 3 期。

第一节　国民经济恢复时期的闽商（1949—1952）

　　新中国成立初期，福建省面临着极其严峻的经济形势。一方面是解放战争尚在继续，全省支前、剿匪、肃特任务繁重，美帝国主义发起的封锁禁运，致使中国对外贸易和侨汇中断。另一方面，农村灾害严重，生产遭受破坏，城市工商业萧条、物价暴涨，福州、厦门、泉州、漳州失业人口多达21000多人。各地闽商也因为战争、灾害而大伤元气，有的在国民党军队败退中遭劫，有的因为战火纷飞、商路不通而难以经营，有的因为百物腾贵、成本畸高而难以为继，处于风雨飘摇之中。

　　当时的首要任务是迅速恢复与发展生产，解决失业问题。福建省人民政府在接收官僚资本主义企业建立国营经济的同时，根据发展生产、繁荣经济、公私兼顾、劳资两利、城乡互助、内外交流的经济政策，对私营资本主义经济实行利用、限制，允许和扶持一切有利于国计民生的私营经济继续存在和发展，发挥它们在恢复国民经济中的积极作用，限制其不利于国计民生的消极作用。[①] 新中国成立后，中共

---

① 中共福建省委统战部、中共福建省委党研室、福建省档案馆：《中国资本主义工商业的社会主义改造·福建卷》，北京：中共党史出版社，1992年，第3～6页。

福建省委、省人民政府按照中国共产党七届二中全会精神和过渡时期的总路线对闽商企业采取和平赎买方针和利用、限制、改造的政策,建立和发展了社会主义经济,基本上完成了生产资料私有制的社会主义改造,绝大多数闽商被改造为自食其力的社会主义劳动者。

福州解放当日,即 1949 年 8 月 17 日,福州市的闽商代表聚会,商议解放后工商界营业的相关事宜。随后,他们以"福州商会"的名义,贴出了"福州庆获解放,凡我全市商民,务必照常营业,遵守市场秩序"的告全市商民通告,以实际行动对新政权的建立表示了由衷的欢迎。10 月,福州市 3500 多位工商界人士和各界人士一起举行庆祝福州解放火炬大游行。福州解放后,解放军要为闽中南地区以及沿海岛屿的解放作大量准备。时为福州市工商联筹委会领导人之一的"福州众兴面粉"经理刘永业带头认借小麦 6000 斤,推动全市工商户总计筹到军粮 742333 斤;而泉州工商户则筹借大米 5000 担、军柴 6160 担的军需物资支援解放前线。

1950 年,朝鲜战争爆发。在"抗美援朝,保家卫国"的号召下,福建省广大工商界人士纷纷坚决表示要加紧生产,改善经营,厉行节约,完成税收;并要求加强学习,开展爱国主义教育,增强民族自尊心。同时还踊跃捐款,捐献飞机大炮。在很短的时间内,福州工商界就捐献了 8 架战斗机,入库人民币计 120 多亿元(旧币);厦门工商界捐款总额达到 34 亿元(旧币),捐购战斗机 4 架;泉州工商界捐献 34 亿元(旧币),捐购 2 架飞机及 1.8 亿元(旧币)的慰问金;漳州等地的工商业者也以实际行动贡献一切力量支持抗美援朝。从 1950 年起,为解决新政权面临的财政压力,中央人民政府发行人民胜利公债,闽商们在极短的时间内,在全国率先完成 30 份公债的认购任务,以实际行动阐释着他们参与社会主义国家建设的热情和决心。例如,福州市工商联组织工商界人士开展形势和《中国人民政治协商会议共同纲领》的学习;鼓楼工商界积极认购建设公债;泉州瑞裕、万源、刘胜裕等批发商转业到安溪湖头创办冶炼厂,为经济建设提供有力的物资供给。在党和政府的领导下,各地闽商中的进步人士以自身实际行动为打破当时国内外反动势力的经济封锁,为恢复经济、稳定市场做出了贡献。1952 年 8 月 25 日的《福建日报》头版对福州、厦门两地私营工商业者纷纷组织代表团赴省内外各地参加物资交流会做了报道。

一、保护民族工商业时期中的闽商

新中国成立后,人民政权在没收官僚资本的同时逐步建起国营经济,但国营经济力量还相当薄弱,私营工商业在国民经济中仍占绝对优势。据福建省统计局 1950 年统计:当时在福建全省工业总产值中,国营仅占 6.5%,公私合营占 0.9%,私营占 92.6%;全省商业批发总额中,国营商业占 18.4%,私营商业占 81.6%;全省零售商业中,国营占 3.5%,合作社占 0.2%,而私营占 96.3%。私营工商业在当时福建国民经济中起着重要的作用。但是,福建省私营工商业规模小，成分复杂，分布极不平衡，还有不少私营企业、事业为华侨直接或间接投资兴办的侨批业、交通运输业等。私营工业企业和较大的批发商，大半集中在福州、厦门、泉州、漳州四个城市，零售商 70％分布在沿海地区。许多偏僻山区、小集镇的商人，多半是半农半商、亦工亦商，基本上停留在"日中为市，以物易物"的圩集商品交换中。在 7000 多家私营工厂中，现代工业仅 803 家，占工业总户数的 11％，工场手工业 6464 家，占 89％；属于生产资料的企业占少数，74％的企业是生产生活消费品，其中食品工业又占了 82％。不少私营企业、事业为华侨直接或间接投资兴办。因此，政府有必要进行扶持。

（一）私营工商业中的闽商

1.扶持私营工商业，促进生产经营的恢复和发展

新中国成立后不久，福州、厦门等城市就召开各界人民代表会议和工商界代表座谈会，福建省人民政府主席张鼎丞、厦门市军管会主任叶飞都详细阐明了中国共产党的保护民族工商业政策，表示政府要有步骤地恢复和发展有利于国计民生的私营工商业。福建省人民政府及时转发、公布中华全国总工会通过的《关于劳资关系暂行处理办法》等三个文件，作为各地处理劳资关系的法律依据，以适当解决因劳资纠纷引起的停工、歇业问题。对资金短缺、原料无法解决但有益于国计民生的私营工商业，银行给予贷款，国营

贸易公司协助解决原料供应。如福州市 1950 年 1—9 月，共贷款 33.5 万元，押汇贷款 55 万元；厦门市组织公私银行成立联合贷款处，1950 年 1—4 月，就贷出 98.93 万元。同时，组织加工订货，收购产品，解决私营工业的生产困难和销路。1952 年全省收购、加工、订货的金额有 5271.44 万元，福州市达到 1043 万元；厦门市贸易公司对织布厂实行贷纱换布，与火柴厂订立代销合同，并暂时禁止电池、肥皂及部分纸类的进口，使有关行业获得了生机。福建省政府还积极帮助已停航的闽江、平水、下游三家私营轮船公司复航，以利于闽江两岸各县的土特产销售和工业品下乡。通过这些措施，许多私营工商业者从怀疑、顾虑和恐慌状态中安定下来，生产经营积极性有所提高，大多数行业都有不同程度的恢复。

1951 年后，各级政府又组织私营工商业代表参加省、地市和华东地区土特产交流会，活跃市场，促进私营工商业的进一步好转。据 1951 年 1—6 月统计，福州、厦门两市私营工商业实增 1905 户，比 1950 年底增加 11.8％。闽商因此而恢复生机，各地闽商因为政府的安抚政策而增加信心，纷纷开门启店，建厂兴业，市场初显兴旺。

2.打击投机倒把，稳定市场物价

新中国成立初期，福建省财政经济出现暂时困难，国营经济力量还很微弱，有关国计民生的主要物资尚未得到有效控制，曾经两次出现物价猛涨。一次是 1949 年 8 月下旬，一批银圆贩子和投机商人大搞银圆投机买卖，破坏人民币威信,金银价格上涨,引起物价大波动。另一次是 11 月中旬,受上海一部分物价上涨影响,部分不法资本家带头囤积居奇,加上坏人造谣,制造恐慌心理,引起全省一些主要城市的物价大涨。如福州日用生活必需品价格上涨二倍,厦门大米批发价上涨 320%,生油上涨 241%,细布上涨 256%。中共福建省委、省人民政府及各地党政部门,为扭转市场混乱局面,保障人民生活,稳定社会秩序,实行金融管理,由各市军管会宣布人民币为唯一合法货币,并取缔了黄金、银圆、外币的流通和地下钱庄,加强了国家银行对私营银行业活动的控制。与此同时,国营商业集中力量积极组织了大量纱布、粮食向市场抛售,调节供求,回笼货币,物价回落,经济趋于稳定。为了加强对市场的领导和管理,公布工商业登记条例,限期登记,并在主要城市先后建立粮油、纱布交易所,制止卖空买空,打击投机倒把。这些措施亦深得守法商人的拥护,有利于闽商降低成本,稳定市场预期,促进市场健康成长。

3.调整工商业,改善公私关系

1950 年 4 月 12　19 日,福建省政府召开全省行政会议,张鼎丞主席做了"为贯彻政务院统一全国财经工作的决定而斗争"的报告。通过贯彻统一全国财政收支,统一全国贸易,统一全国现金管理,加上征收农业税和工商税,很快紧缩了市场上货币流通量,政府掌握了大量资金和物资,全省金融、物价普遍稳定,财政收支趋于平衡。

财经统一后,过去市场上的虚假购买力消失,暂时出现了一些物资供过于求的现象,加上私营工商业在生产、经营上的盲目性、依赖性等弱点,部分私营工商业出现销路停滞、价格倒挂、生产萎缩、停工歇业等困难。到1950年8月底,福州、厦门、泉州、漳州、南平、建瓯、永安、福安八个市县私营工商业歇业、关闭的有3272户。对于私营工商业在生产经营中出现的问题,中共福建省委非常重视,在1950年6月召开省委第二次扩大会议,根据新民主主义时期五种经济成分要统筹兼顾,各得其所,分工合作,推行一视同仁的政策,着手调整工商业(公私关系、劳资关系和产销关系),其中重点调整公私关系。具体采取的措施有:一是扩大对私营工业的加工订货和产品收购,使其能维持生产、扩大生产;二是国营向私营商业让出部分零售业务阵地;三是调整主要商业的批零差价,使私商有利可图,并规定合理的地区差价,兼顾产、运、销利益;四是对不适合于国计民生需要的行业,说服、帮助转业;五是对有益于国计民生而资金困难的工商业,银行给予贷款;六是调整税收,减轻私营工商业负担。与此同时,按照劳资两利、自愿、平等的原则,在主要私营企业中建立劳资协商会议,商讨、解决有关维持生产、克服困难的问题。不少企业的职工自动降低工资,停薪留职,或向资方建议改变经营方针,改善经营管理。通过调整,私营工商业的状况有了明显的好转,闽商对发展前景更有信心。

(二)私营侨批业中的闽商

福建是全国主要侨乡之一,最多年份的侨批高达8000

多万元人民币,1946—1949 年福建省侨批大约达 13440 万元人民币。

　　新中国成立后,美国宣布冻结我国在外一切公有财产,加紧实行经济封锁,东南亚一些国家也相应对我国进行限汇和禁汇,一时侨批中断,归侨、侨眷生活困难。1949 年 11 月,福建省人民银行召开了侨批工作(扩大)会议,明确提出对侨批业采取"团结与管理相结合"的政策,要求要团结、保护其合法经营,发挥其沟通侨批、服务侨胞的积极性;同时要教育、打击其损害国家和侨胞、侨眷利益的投机倒把行为。1950 年 1 月 15 日,省人民政府颁布了《福建省管理侨汇业暂行办法》和《福建省侨汇暂行处理办法》。对侨批业所争取的侨汇,银行按收费金额发给 7.5% 的人民币手续费。1952 年 10 月 21 日,全省侨批业第一次代表大会又提出"外汇归公,利润为己,便利侨汇,服务侨胞"的方针。1954 年又对侨批业提出"维持保护,长期利用"的政策。[①]

　　1949 年,在中共厦门市委、市政府的支持下,厦门进出口商充分利用国内外关系和多年经营外贸经验,开展对外经营以赚取外汇。1949 年 11 月初,"华祥号"老板首先用"金顺安"机帆船运载一批土特产冲破敌人封锁运往香港,运回一批化肥等物资。厦门裕康船务行租用英轮"永兴轮"使菲律宾信汇重告沟通,不久新加坡、印尼、越南、缅甸等信

————————

① 张赛群:《建国初期我国侨汇政策及其实效分析》,《八桂侨刊》2012
　　年第 3 期。

件接踵而至,1950 年全省侨批恢复,达 2882 万美元,这对恢复福建省经济,促进发展生产起到良好的作用。

二、"五反"运动中的闽商

随着私营工商业得到恢复和发展,闽商中的一些不法商人,为了牟取暴利,竟不择手段,收买国家干部,盗窃国家财产和经济情报,进行大量违法活动。为了打退不法商人的猖狂进攻,巩固社会主义经济和人民民主专政,福建省在党政机关和国营企事业单位开展反贪污、反浪费、反官僚主义的"三反"运动;并以厦门、福州两市为重点对资本主义工商业开展了反行贿、反偷税漏税、反盗窃国家财产、反偷工减料、反盗窃国家经济情报的"五反"运动。福州先行一步,1952 年 2 月 8 日,福州市各界人民代表会议宣布,立即开展工商界"五反"运动,并成立节约检查委员会,组成五个节约检查大队,抽调大批干部、工人投入"五反"运动。2 月 10 日,召开有 6 万多人参加的各界人民"五反"斗争动员大会。4 月 10 日在省人民体育场召开全市"五反"坦白检举大会,3 万多人参加,做出坦白从宽与抗拒从严的典型处理。厦门、泉州、漳州等市也开展了"五反"运动。

福州、厦门两市的"五反"运动,分别于 5、6 月间结束。党和政府根据"斗争从严,处理从宽;过去从宽,今后从严;多数从宽,少数从严;坦白从宽,抗拒从严;工业从宽,商业从严;普通商业从宽,投机商业从严"等原则,对私营工商户划分为五类(一类守法户,二类基本守法户,三类半守法户半违法户,四类严重违法户,五类完全违法户)进行处理。福州、厦门两市参加"五反"运动的工商业户共为20806户,定案时属一、二、三类的占绝大多数,为98.67%。福州定为完全违法户的有52户,占该市参加运动总户数的0.3%;厦门定为完全违法户的有8户,占该市参加运动总户数的0.4%。并对极少数严重违法者给予应得的刑事处分。同时,也核减了违法工商户的退、补、罚数字,允许分期缴纳税款。"五反"后期,在一些大型企业里成立了增产节约委员会,加强了对生产的监督,极大地调动了工人生产的积极性。

"五反"运动不但巩固了工人阶级的领导地位和国营经济的领导权,而且使闽商普遍受到了一次深刻的教育。同时,在他们中间也涌现出一些愿意接受社会主义改造的进步分子,为以后对资本主义工商业的社会主义改造,提供了有利的条件。

第二节　社会主义改造初期的闽商 (1953—1955)

1952年年底,我国胜利完成了恢复国民经济的艰巨任务。1953年,中共中央制定了过渡时期的总路线,要求在一个相当长的时期内实现国家的工业化和对农业、手工业、资本主义工商业的社会主义改造。[①]

国家对资本主义工商业的社会主义改造分两个步骤进行。第一步是把资本主义工商业通过多种形式转变为国家资本主义企业；第二步是把国家资本主义企业转变为社会主义企业。中共福建省委、省政府根据总路线的精神，有计划、有步骤地开展对资本主义工商业的社会主义改造。

党在过渡时期的总路线明确提出后，在工商界引起很大震动。针对这一思想状况，中共福建省委于 1953 年 12 月召开了全省私营工商业者代表座谈会和省工商业联合会执监委扩大会议，大张旗鼓地对资产阶级代表人物进行党在过渡时期总路线的宣传教育，交代国家资本主义的具体政策，集中解决对总路线的认识问题。经过深入的宣传教育，许多人开始认识到"走社会主义道路是时代潮流"，"接受社会主义改造是私营工商业者的唯一光明大道"，有的当场申请公私合营。民族资产阶级中的进步分子的队伍在逐渐扩大。

同年 12 月下旬，工商界上层代表人物刘栋业、刘永业、陈希仲、倪松茂、蔡衍吉、王贤镇、蔡载经、黄泽盛、倪郑重等 9 人先后到 6 个专区 32 个市县，他们"现身说法"，采用新旧对比的办法向 13000 多位工商界人士进行传达，引导同行解决思想认识问题，闽商群体开始迈向社会主义改造的大道。

---

① 中共福建省委统战部、中共福建省委党研室、福建省档案馆：《中国资本主义工商业的社会主义改造·福建卷》，北京：中共党史出版社，1992 年，第 7～12 页。

一、私营粮食、油脂、棉布行业中的闽商

随着大规模有计划的国民经济建设的开始,福建省工人、农民生活逐步改善,城市人口逐步增加,粮食和一些重要农产品出现了供不应求的紧张情况。就在这时,城乡资本主义势力利用自由市场进行投机,囤积居奇,追逐暴利,加剧了粮食等农产品的供不应求。因此,进行粮食等重要农产品的统购统销,变革商品购销方式已成为国家当务之急。

为了保障人民生活,稳定市场物价,福建省坚决执行了1953 年 11 月政务院《关于实行粮食的计划收购和计划供应的命令》和中共中央《关于在全国实行计划收购油料的决定》,以及 1954 年 9 月国务院《关于实行棉布计划收购和计划供应的命令》。此外,还对若干重要农产品如猪、烟叶、蛋等也先后实行了派购。

此外,省政府还对当时粮食、油脂、棉布行业的私营工商业实行全行业初级形式的改造,全部改为国家经销、代销,重新发给营业执照。对于不愿意经销、代销的私营企业,采取措施促其转业,并停止对粮、油、棉行业办理私营开业登记。

实行粮食等重要产品的统购统销,在当时市场供应还不丰富的历史条件下,不仅有利于取缔市场投机,保证国家建设与人民生活的需要,更重要的是割断了城乡资本主义的经济联系,促进了对私营工商业的改造,闽商也就逐步被

纳入社会主义市场经济体系之中了。

二、公私合营工业企业中的闽商

在总路线提出以前，全省有公私合营企业 36 家。这些企业中，一部分是因接管官僚资本股份而合营的；一部分是因私营企业当时无法维持，为避免职工失业而合营的；一部分是因关系国计民生、支前需要而合营的。合营后，对企业管理、生产改革均较重视，大多数生产有所发展。但在公私关系、清产定股、利润分配以及对闽商的安排使用等方面，都普遍存在一些问题。1953 年 10 月，中共福建省委召开了公私合营工作汇报会议，进一步了解情况，制定政策和工作方法，并确定"以搞好生产为中心，结合各个企业不同情况，缺什么，补什么"的整顿方针，取得了很好的效果。如泉安汽车公司（1919 年由晋江县旅日华侨陈清机发起创办，投资 253 万元，其中华侨股份 80%），整顿前一直亏损，从 1950 年到 1953 年共亏损 25 万元左右，整顿后，扭转了长期亏损的局面。

在经济恢复时期，国家加强了对私营工商业的社会主义改造，提出了公私合营的工业企业方针。1954 年，福建省按照国家的需要、企业改造的可能和资本家自愿的原则，采取"吃苹果"的方式，有重点地对较重要和华侨投资较大的 25 家私营工业企业，如福建造纸厂、福州民天食品厂、南平木材化工厂、厦门华康烟厂、厦门电话公司、泉州源和堂等实行公私合营。这 25 家私营企业的资本额占全省 10 个职工以上私营工业企业总资本额的 31.31％,职工人数占 9.22％。在经济上,这些企业对国计民生有较大的作用,而且这些企业的业主或代理人,都是各地以至全省性的工商界代表人物。合营后,改变了生产关系,激发了工人当家作主的积极性,企业生产情况迅速改变。福建造纸厂合营后仅两个月的盈余即等于合营前的 1952 年全年的盈余。当时许多闽商看到这些情况,纷纷要求合营。1954 年 11 月,中共福建省委统战部,省人民政府财委第六办公室根据中共福建省委指示,联合召开全省公私合营工作座谈会,参加会议的党内外代表 180 人,着重检查工作,总结经验,统一政策思想,解决合营工作中有关政策问题;对党外着重宣传政策,通过典型介绍,交流经验,扩大影响;并以批评与自我批评方式,引导资方代表反映意见,以改善公私关系及企业存在的问题。

1955 年 1 月,根据“统筹兼顾,全面安排,既要有所不同,又要一视同仁”的方针,全省有关部门把发展生产和扩展公私合营工作结合起来。1955 年全年计划合营企业从原来的 102 户扩展到 146 户。根据 1954 年合营安排的经验教训,在制订合营计划时,采取按地区、按行业统一考虑,“吃苹果”与“吃葡萄”同时并用,公私合营与合作化分别并进,高级与初级国家资本主义形式统筹安排的方法,到 1955 年底,全省公私合营工业企业达 230 户,占私营工业总户数（4317 户）的 5.32％,产值占私营工业总产值的

14.91％。接受加工订货任务的公私合营工业企业的产值
达私营工业总产值的78％。1954年按照《公私合营工业企业暂行条例》规定，当年的利润按所得税、企业公积金、企业奖励金、股东股息红利"四马分肥"，股东股息红利加上董事、经理和厂长等人的酬劳金，可占全年盈利总额的25％左右。据统计，到1955年止，福州、厦门、泉州、漳州四个市的私营商业盈利总3093.6万元，分配情况为国家所得税1399万元，企业公积金、福利893万元，股息红利801万元，其中股息红利占了25.9％。

三、私营批发商、零售商中的闽商

1.对私营批发商的改造

福建省的私营批发商集中在福州、厦门、泉州、漳州四市及南平城关。他们在商品流通领域中起着重要的作用，但又具有较大的投机性，其经营活动不仅容易垄断市场、抬高物价、控制生产，而且还阻碍私营工业和零售商向国家资本主义转变。随着一些重要物资统购统销，国营经济控制了部分重要商品的收购环节，社会主义国营商业及批发业迅速扩大。同时由于加工订货任务的发展，国营商业又掌握了一大批工业品货源。在这期间，国家又基本上停止了私商经营的进出口业务（1954年福建省国营商业进出口额已占85.7％）。据统计，1954年国营商业、合作社商业在批

发商业总额中所占比重已达85.8％。私营批发商的业务已大为缩小,面临货源日益困难的局面。这就为社会主义商业占领批发阵地,全面安排改造私营批发商创造了极其有利的条件。

全面安排和改造私营批发商是从1953年下半年粮食实行统购统销时开始的,1954年在全省范围内进行。当时采取一面前进,一面安排,前进一行,安排一行的办法,分别不同行业、不同情况,有计划有步骤地安排,把改造与安排结合起来,引导他们转向有利于国计民生的事业。具体的做法是:一是有条件转业的,积极辅导转业。到1954年12月,福州、厦门、泉州、漳州四市转业的批发商已有154户。二是国营商业有需要的,为国营批发代理业务,纳入国家资本主义轨道。如福州市蛋品业就有11家国营代理批发。三是国营一时还不能代替且必须继续利用的,让其暂时维持,等条件成熟后再代替。四是国营不需要又无转业条件的,淘汰其企业,人员由国营吸收录用。到1955年,福、厦、泉、漳四市已改造的主要批发商达584户,占原有批发商总数的70％。全省批发商8379户已改造6825户,占81.5％,这就从商业源头上把闽商逐渐纳入社会主义改造的轨道。

2.对私营零售商的改造

国家对私营零售商的改造主要是采取经销、代销的形式。自国家对粮、油、棉统购统销和扩大对私营工业加工订货范围以后,国营、合作社商业掌握了主要货源,市场关系发生了根本变化。私营零售商都要从国营和合作社商业进货,加上对中央发出的"总的踏步,着重市场安排和对私改造"的方针领会不够,国营在零售阵地上发展过快,到 1954年国营、合作社商业零售比重达 59％,私商只占 41％,较1953 年下降了 23％。除已进行全行业改造的如棉布、粮食大部分可以维持外,其他实行部分改造和未改造的行业,都出现营业清淡、利润降低、维持困难的情况,导致公私关系很紧张。1955 年 3 月,对全省零售比重做了调整,国营、合作社商业比重为 46.93％,较 1954 年降低 12.06％,私营商业零售比重为 53.07％,较 1954 年提高了 12.06％。

同时,根据中央对私营零售商业"统筹兼顾,全面安排,积极改造"的方针,及"先安排,后改造""改造与安排相结合"的精神,城市商业归由国营专业公司直接负责,农村集镇由供销社领导,对国营、合作社商业前进太快而私商维持困难的城市集镇,国营和合作社商业采取撤点、撤品种、增设批发机构,调整批零差价,对私商给予银行贷款及组织并店联营等措施。如福、厦、泉、漳四市撤销 12 个国营门市部、商场、柜台以及 50 个合作社门市部、分销处及供应站,厦门市区供销社、龙溪专区在漳州市区的合作社全部撤出市区,百货、文具、新药、土产等公司让出品种十到二三百种不等。对货源基本上为国营所控制的行业,通过合理分配,调节大小户的营业额,以达到全面维持。

贯彻了对零售商安排改造的方针,国家资本主义经济成分显著上升,福、厦、泉、漳四市 1955 年 5 月份的国家资本主义经济比重占到 33.25％,比 3 月份上升 7.62％,到

1955 年 7 月,厦门私营商业和国营公司建立经、代销关系的已有纱布、百货、文具、京果、新药、木材、电料、茶叶、柴炭等主要行业共计 407 户,占全市私营商业中纯商业户数的40.3％。福州市文化用品、木材、百货、茶叶、京果、盐业、西药、酒业等行业有 1450 户先后实行经销、代销。全省私营零售坐商以各种国家资本主义与合作形式进行改造的达10631 户(并店后数字),占总户数的 36.77％。在大量私营零售商业得到安排改造后,对经、代销的企业的改造和人的改造工作已成为国营专业公司一项迫切重要的任务。福建省人民委员会对资本主义工商业改造办公室及时批转了龙溪县关于"石码花纱布支公司如何依靠职工对棉布合营处经销店进行双重改造报告",为福建省主要城镇大、中型经、代销店双重改造提供了经验。

四、私营交通运输业中的闽商

在对私营工商业进行社会主义改造的同时,对私营交通运输业也进行了改造。改造包括四种形式:公私合营;收购车辆、轮船,一步改为国营;实行租借制;组织汽车运输合作社。到 1955 年底,私营汽车 660 辆,已改造的达 71.37％。其中,经过收购转变为国营的,超过改造总数的一半。

这样福建的私营工商业就通过多种渠道逐渐地、全方位地纳入社会主义改造的范围,为下一阶段的大规模而且彻底的社会主义公有化打下基础,也为闽商群体从生产方式到生活方式的彻底改造准备了充分条件。

五、侨批业中的闽商

1949 年 11 月,福建全省登记营业的侨批局有 185 家,其中厦门 86 家、泉州 30 家、福州 25 家。[①] 20 世纪 50 年代,特别是朝鲜战争爆发后,美国封锁中国大陆,南洋各国对华侨汇款采取严禁或严加限制的政策,在禁汇区内侨批局完全处于地下经营状态,纷纷被迫倒闭或停业,省内与国外有直接联系的头、二盘局也受其影响,全省侨批局逐年减少,1950 年减为 138 家,1951 年减为 124 家,1952 年又减为 104 家。1956 年 2 月全国侨务工作会议确定:侨批业的社会主义改造应贯彻有利于增加侨汇收入的原则;侨批业与其他行业一样已进入社会主义;对侨批业进行社会主义改造,执行"统一领导、分散收汇、独立核算、联合派送、同业互助、多收汇多奖励"的原则。1957 年 1 月,三盘侨批局的各地联合侨汇派送机构改造为全民所有制的国家银行附属企业。泉州、厦门分别成立了晋江地区侨汇派送总处和厦门市侨汇派送处,并成立福建省侨汇派送管理委员会。"文化大革命"期间,金融工作虽然受到很大干扰,但本省各地头、二盘侨批局仍继续开展收汇业务,三盘侨批局联合侨汇派送机构也坚持侨汇解付工作。中共十一届三中全会后,

---

① 《福建侨汇的现状》,《福建日报》1950 年 6 月 16 日。

侨批派送机构撤销，业务全部移归中国银行办理，派送人员由银行包下，成为银行职工。至此，侨批业宣告结束。

第三节　社会主义改造后期的闽商（1955—1956）

1955年底，随着全国农业合作化高潮的到来，福建省私营工商业全行业公私合营高潮也迅速形成。1955年11月底，中共福建省委向各地、市党委书记、各部门负责人传达毛主席指示和中共中央七届七中全会（扩大）《关于资本主义工商业改造问题的决议（草案）》的精神，并组织学习，统一思想，建立机构，制定加速社会主义改造的规划。12月，中共福建省委召开扩大干部会议，林一心代表省委在会上做了关于"今后对资本主义工商业的改造工作"的报告，要求1956年在一切重要的行业中，采取全行业公私合营的形式全部或大部分分批实行公私合营，其他在1957年内完成。12月中旬，中共福建省委第一书记叶飞向福州市基层工会干部做了"改造资本主义工商业问题"的报告，省直、市直机关和福建省军区8000多干部同时收听。福州、厦门两市也组织了报告会，向党内外干部、工人群众进行传达。与此同时，福州、厦门等工商联也召开常委扩大会议，传达毛泽东主席邀请全国工商联第一届执委们座谈资本主义工商业的社会主义改造问题的讲话，并指出，工商业者应该认清社会发展规律,掌握自己命运。福建省广大私营工商业者,在党的政策鼓舞和全国形势的推动下,在闽商积极分子的带动下,纷纷掀起了申请公私合营的热潮。1955年12月31日,福州市人民委员会首先批准了机器、印刷、棉布、百货、新药等九个行业实行全行业公私合营,批准粮食业全行业转为国营粮店。厦门首先批准在纱布、百货两个行业实行全行业公私合营。

1956年1月,福建省总工会召开全省私营企业工会代表会议,中共福建省委第一书记叶飞到会做报告,省委资改领导小组副组长林修德在会上做了"全省私营企业职工积极行动起来,将资本主义工商业改造推进到一个新阶段"的报告,会议一致通过了《福建省私营企业工会代表会议决议》。1月15日,北京市实行资本主义工商业全行业公私合营的消息传来,福建省内的职工群众情绪空前高涨,积极要求迅速行动。闽商中的进步分子积极配合,迫切要求公私合营。1月16日,中共福建省委第一书记、省长叶飞,在福建省工商联合会首届二次会员代表大会上做政治报告,建议福州、厦门两市学习首都榜样,争取在春节前全面完成对私营工商业的社会主义改造,漳州、泉州尽可能争取在春节后全面完成,其他城镇也要加快改造速度,争取在上半年完成。当天,福州、厦门两市工商界三万人收听叶飞的报告,热烈响应加快全面完成社会主义改造的号召。参加工商联会议的各地代表团把会议精神及时电告当地工商联,并推出代表在会上表态。一些闽商的代表人物,不但自己带头接受改造,还积极协助政府开展工作。如时任福建省工商联秘书长的倪松茂就将以他名字命名的"倪松茂化工厂"卖给了政府,改名为"福州化工厂",成了国营企业。17日,中共福建省委召开福州、厦门、漳州、泉州四市及南平、福清二县对资改造的工作座谈会,研究了福建省当前工商业改造情况,认为福建省改造高潮已经到来,不能采用过去的做法,可以先批准合营(生产、经营照旧,从业人员不动),后处理具体问题。同日以电报向各地、市党委发出"关于加速工商业改造工作的指示",要求做到改造、生产经营两不误。

1956年1月18日下午,福州市工商界巨子刘永业率全市49个工商业的代表和家属们在福建省人民委员会礼堂向中共福建省委第一书记、省长叶飞和省委副书记魏金水等呈送要求公私合营申请书。之后,福州工商业界人士走上街头庆祝公私合营。厦门市93个行业1570多名工商业者组织报喜队,向中共厦门市委、市人大报喜,报告厦门全市私营工商业已全部公私合营。19日,福州、厦门两市首先实现资本主义工商业全行业公私合营。当日,福州市25000多名私营企业职工、工商业者及家属组成六路报喜大队,向福建省、福州市中共党委、政府、工会、政协、省军区及省工商业联合会首届二次会员代表大会报喜。次日,《福建日报》发表《把资本主义工商业的改造推向高潮》的社论。

1956年1月22日、26日,漳州、泉州两市先后实现资本主义工商业全行业公私合营。接着,南平、福清及其他主要城关、集镇也掀起了私营工商业的社会主义改造高潮。到 4 月中旬,福建省 65 个城关,339 个集镇全部实现了全行业公私合营。到 1956 年底,福建省基本上实现了对资本主义工商业全行业公私合营的全部工作。其中,全省私营商业、饮食业、服务业已改造的有 101332 户、人员 152532 人,占总户数的 88％、总人数 90％以上。1956 年,全省商品零售总额为 122744 万元,比 1955 年增长 29.5％;国营及合作社零售总额为 71420 万元,比 1955 年增长 45.8％,占全省商品零售总额比重达到 58.1％。私营工业户的 94％,私营批发商的 97％,私营零售商的 87.8％和全部私营汽车、轮船业,分别纳入了公私合营、合作社轨道或直接"一步登天"转变为国营,从而基本消灭了生产资料的资本主义私有制。

一、清产核资、经济改组中的闽商

1.清产核资

根据国务院"公平合理,实事求是"的原则和"从宽处理,尽量了结"的精神,采取在职工的监督和协助下,由资方自清、自估、自报,而后同业互评,行业公私合营工作委员会(由公方、工人、资方三方面代表组成)审查核定的方式进行清产核资。对企业原来的债务和财产关系,能够在公私合营时了结的,都尽量了结。一般都是白天搞生产经营,晚上搞清产,做到生产和清产两不误。大多数资本家对清产都很认真,一般比较合乎实际,但也有偏高或偏低的。对生活资料误作清产核资范围的,在复查时,做了纠正。如龙溪、南平两个专区 17 个县,在复查时退回了属于生产资料及家店不分的房屋 764 座。估价偏低的按税务局课税价给予调高,龙溪专区就有 2800 座房屋调高价格,资方反映很好。厦门 127 户公私合营企业核实清还的 12 万元对公欠款中,减税的占 56.7%,转为公股的占 35.7%,实际清还的只占 7.6%。对资不抵债户的处理,掌握尽量缩小破产面的从宽精神,如福州市公私合营企业原有资不抵债户 180 户,处理后仅破产 3 户,占总户数 1.7%。在退还增资问题上,高潮中增资的工商业者有 3015 人,增资金额 66.8 万多元,已退还的约 62.2 万元,占增资总金额 93%。经过清产核资,全省参加公私合营及过渡到国营、合作社的私营企业的工商业者共 284699 人,私股金额共 6442.67 万元,其中工商业资本家资金在 10 万以上的只有 17 人,资金共 287.42 万元,占私股金额 4.46%。

全行业公私合营后,中共福建省委、省人民政府根据中央指示对私人股金一律给予 5 厘定息(原定 7 年,以后又延长 3 年)。6 月中旬中共福建省委召开的第四次资改工作会上,要求各地在 7、8 月间发放私股上半年定息,以后按季度发放股息。

2.经济改组

经济改组的主要目的是改变私营工商业生产经营的盲目性和落后性,逐步代之以先进的社会主义经营管理方法。

另外一个原因是福建省私营工商业原来的规模不大且较分散、零杂，有必要进行合并改组。当时经济改组的主要内容有三个方面：一是加强国家对公私合营企业的领导和管理，把企业计划纳入国家计划的轨道；二是按照专业化的原则，组织成立各行业的国营专业公司，由国营公司归口管理公私合营企业的经营；三是按照以大带小、以先进带落后的原则，进行工业企业的合并、改组和商业网的调整。具体的办法是：一是以一个大厂（店）为核心，把周围同类的小厂（店）合并进来；二是把若干个厂（店）联合起来，进行生产、经营的分工合作；三是迁厂（店），根据设备、原料、销售情况，进行工商网点的调整；四是淘汰，对有些没有发展前途的厂（店）采取企业淘汰、人员吸收的办法。在进行这一工作时不少地方没有经过慎重的调查研究，未认真听取群众的意见，就动手经济改组，加上干部思想上急于求成，不加区别地强调集中经营、统一标准，过早过多地并店，从而出现供销关系脱节、名牌货被拆散等情况，如福州市在对资改造高潮中就打乱了 29 种手工业的名牌产品。2 月，中共福建省委召开全省资改工作会议，贯彻国务院几个决定，提出"不要轻易改变经营管理制度"的指示，并举行了名牌货展览会，恢复了原名牌中的 8 种，保留了 4 种，合并了 11 种。3 月底，根据中央指示，中共福建省委发出《关于加强经济改组准备工作的意见》，要求各级党委加强对这一工作的领导。但是，由于裁、并、改、合的规模过大，有些产品的特点、特色被打乱，影响了生产，影响了群众生活。

二、对华侨投资工商业特殊改造中的闽商

在资本主义工商业的社会主义改造高潮中,全省各地华侨工商业者和国内工商业者一样,拥护和接受社会主义改造。但如何正确对待和处理华侨投资的工商业以及服务侨胞的侨汇业,是个棘手难题,这关系到团结海外侨胞,激发他们爱国爱乡的积极性问题,也是福建省对私营工商业改造中的一个特殊问题。当时的处理办法是:

(1)新中国成立前华侨投资的企业(包括私营工商业者为增加企业经营活动借用的侨汇、侨资)基本上按国内私营工商业的办法处理。

(2)新中国成立后华侨响应政府的号召投资于工商业或文化娱乐场所,如泉州华光戏院、石狮华侨戏院、南安官桥侨声戏院、福州新侨商店、福州光荣剧场,按中央规定,在全行业实行公私合营后股息年利可以略为提高。泉州规定按省华侨投资公司的办法,定息8厘,12年付本,但实际执行仍按5厘付息,到12年以后全部还本。

(3)新中国成立后,华侨投资于福建华侨投资公司的资金均按公司章程每年发给华侨投资者年息8厘,12年还本。该公司建于1952年7月,是引导华侨、侨眷和港澳同胞投资于本省地方工业和其他生产建设事业的公私合营性的公司。1952—1956年华侨投资达1228万元,投建泉州糖厂、福清油厂,还扩建了福建造纸厂、厦门罐头厂、泉州源

和堂食品厂等。

（4）侨批业是指专营华侨信款的行业，是海外侨胞同祖国密切联系的纽带，也是社会主义建设所需外汇的重要来源之一。过渡时期总路线公布后，在对资本主义工商业采取各种形式的社会主义改造时，福建省根据"维持保护、长期利用"的政策，明确宣布侨批业无须急于在组织形式上改变，实际上他们已属国家资本主义性质的行业了。1956年初对资本主义工商业进行社会主义改造进入高潮的时候，各地都对侨批业持慎重的态度，不在高潮中改变其所有制。1950年，全省有侨批业138家，其中厦门72家、福州24家，晋江31家。1956年下半年开始，分别对侨批业头、二盘局和三盘局①进一步改造。其中对头、二盘局仍"维持私营名义，沿用原牌号，继续分散经营，独立核算"，但着重加强对"人"的改造，推动其改善经营管理。从1956年起，将其盈余分配增加公益金这一"马"把资方分红改为收汇奖励金；对三盘局根据其自愿、便利侨批业解付，不影响密切联系侨眷的原则，组织三盘业务的联合派送，使其变成具有社会主义性质的集体所有制的联合体。

此外，私营报关行主要分布在福州、厦门、泉州等沿海城市，它是为外贸出口和航运服务的服务性企业。1953年后，由于全国加强航运和外贸的管理工作，报关行业务已基

---

① 头盘局，属海外局的直属分局或联号。二盘局，属代理海外局业务，算收汇佣的信局。头、二盘局统称承转局。三盘局，又称解付局，指专为头、二盘局分发信、款，收取回文的派送机构。

本停顿，大部分从业人员自动转业，但尚有部分从业人员由于归口问题未解决，处于失业状态，较为突出的福州市约有500人。1956年3月，中共福建省委资改领导小组决定，当时尚在营业者按私营工商业改造中从业人员政策处理；原报关行尚未处理的从业人员按过去业务性质，为外贸服务者归外贸部门负责安排，为航运服务者归交通厅负责安排。

　　福建省和全国其他省市一样，仅用了七年的时间，基本上完成了社会主义所有制代替资本主义所有制的过程，闽商中有劳动能力的绝大多数人被改造成为社会主义社会自食其力的劳动者。在基本完成了公私合营之后，广大闽商在各级工商联的领导和组织下，自觉地把企业的改造和人的改造紧密地结合起来，提出了"听毛主席的话，跟共产党走，走社会主义道路"的口号，随后"听、跟、走"成为广大闽商的行动纲领，并整整影响了这一代老闽商的后半生。例如，1958年11月，福州市工商联举办工商界自我改造展览会；1958年12月，福建省工商界签订自我改造竞赛协议书；1959年1月，泉州市召开工商界青年自我改造汇报大会；厦门市通用机器厂私方技术员陈焕辉改进生产糖机加热器，功效提高四倍以上，被评为企业先进工作者；饮食业1959年先进工作者、华北饭店私方人员傅云治，热情招待顾客，她用自己制造的"端菜盘"送菜，方便又卫生；1956年，闽商林梦飞在厦禾路创建厦门感光厂，1957年公私合营后，改造成半机械化生产，成为全国第二大照相纸厂，1958年又吸收华侨投资，厂房扩大近二十倍；等等。1958

年在党的"力争上游,多快好省地进行社会主义建设"的号召下,广大闽商身体力行,投身其中。据有关资料记载,仅1958年,厦门市工商联、民建在闽商和闽商家属中分别以增产节约、勤俭持家为中心,开展了"千件贡献"和"五好活动"。1959年1月至10月,仅厦门市民建、工商联会员就提出建议8042条,4908条获得采纳,其中,技术革新1685件,并整理和编写专门业务经验书籍34部。又比如运机厂私方人员的"反射炉"等机具革新、酒厂私方人员对蔗渣的综合利用、民用器材厂私方人员革新高压配电盘等一系列行动,对厦门企业增产节约、改善生产经营产生了积极影响。

从中可见,福建省的闽商不仅在社会主义的改造中浴火重生,脱胎换骨,而且开始以社会主义建设者的崭新姿态投入经济活动中,为福建经济基础建设做出了难能可贵的贡献。

三、闽商的社会职务安排

对工商业资本主义的改造伴随着对企业主、资本家、经理和各类管理人员的改造,这既是这一场史无前例的社会主义改造的题中应有之义,也是中国共产党在过渡时期对私有经济和民族资本主义进行彻底改造的成功之举。在福建省的全行业全区域公私合营高潮中,众多企业主、资本家、经理提高了政治觉悟,得到各级党组织和工人群众的认可,一大批会经营、懂管理的资方人员被推向了资方岗位,为公私合营企业持续做好经营管理提供了必要的人才,也真正实现了党对民族资本主义的和平"赎买",这在世界共产主义运动史上是空前成功的举措。闽商因此也获得了新生。

在福建,一大批闽商在公私合营改造高潮中走上了企业和政府的领导岗位,继续以其才干为社会主义建设做出贡献。

全行业公私合营后的人事安排是根据"把原企业全部在职人员包下来"和"量才使用,适当照顾"的原则,并且以企业为基地进行安排。1956年底以前,福州、厦门、泉州、漳州四市的工商界人士有3人担任副市长,2人担任正、副局长,6人担任市政协副主席。

全省工商界人士在企业中,工业系统担任正、副课股长以上职务的共339人,其中,各类型正、副经理、厂长119人,科、股长115人,此外担任董事长、顾问的有25人。商业系统担任门市部主任以上职务的共971人,其中,专业公司正、副科股长139人,专业公司正、副经理48人,商店正、副主任360人,此外,担任公司顾问、董事的有14人。

然而,工商界人士担任公私合营企业的领导职务后,企业公私合作共事关系好的只是少数。私方人员普遍感到有职无权,影响了他们积极性的发挥。直到中共中央十一届三中全会之后,原工商业者的积极性才得到发挥。而且,在对资改造高潮中由于要求过急、工作过粗,把属于独立劳动者的小商、小贩、小手工业者 34589 人带进公私合营企业，并长期按资本家一样对待，严重地挫伤了他们的积极性。1979 年根据中共中央批发的《关于把原工商业者中的劳动者区别出来问题的请示报告》，才把属于劳动人民的小商小贩、小手工业者区别出来。

在对资本主义工商业的社会主义改造过程中，福建省总工会、共青团、妇联、工商联、民主建国会等组织也都充分发挥了各自的组织作用，它们发动和依靠工人阶级，发动工商业者及其家属自觉自愿地接受社会主义改造；培养骨干力量协助政府参与经济改组、清产核资、人事安排、定股定息等工作，促进了对资改造工作的顺利进行。

第四节　社会主义探索时期的闽商（1957—1966）

1956 年社会主义改造基本完成后，形成了社会主义的统一市场。但各地在不同范围内还存在着农村农副产品的集贸自由市场，以及国营商业对某些工业产品试行先购的办法，选购剩下的允许工业自销；对于手工业生产合作社生产的产品，国务院规定当地产当地销的可以自销，远销的由国营商业、合作社商业选购，或者由生产合作社自销；对于当地国营商业不经营的商品，允许外地商人进行采购等。

应该说国家领导下的自由市场的开放,对于促进工农业生产的发展、活跃城乡物资交流、满足人民生活的多种需要,起了积极作用。但从 1957 年 8 月起,国务院规定:凡统购物资和统一收购物资,只准卖给国家,不准在自由市场出售。这样,在农村集市上交易的基本上只剩下一些小土特产品,国家领导下的自由市场也就基本上关闭了。

1956 年 9 月中共八大提出"二五"计划时期商业工作的基本任务是:继续加强工农产品的收购和供应工作,扩大商品流通;改进购销关系,继续对主要生活必需品实行统购统销政策,同时对某些工业品实行选购,并有计划地组织一部分在国家领导下的自由市场;继续贯彻执行稳定物价的方针,正确利用价值规律和掌握价格政策,促进生产的发展;进一步发展商业网,方便人民生活。但 1958 年 5 月八大二次会议通过"鼓足干劲,力争上游,多快好省地建设社会主义"的总路线之后,很快在全国各条战线上迅速掀起"大跃进"和人民公社化运动,以高指标、瞎指挥、浮夸风和"共产风"为主要标志的"左"倾错误严重地泛滥开来。在商业领域出现了集体商业急于向全民所有制过渡,使流通渠道单一化的现象;在高指标、浮夸风等"左"倾思想指导下的"大购大销",助长了社会大浪费;对农产品估产偏高,征购过头,打击了农民生产积极性;在体制改革中,管理权限下放过多过急,加之规章制度遭到破坏,致使企业经营管理出现混乱。从 1960 年下半年起,中央提出了"调整、巩固、充实、提高"的八字方针,对商品流通渠道进行调整和疏通,即：恢复国营商业专业公司，调整管理权限；恢复供销合作，恢复合作商店、合作小组，开放集市贸易。到了1961年，国营工商业得到迅速的发展与壮大，国营工商业掌握了重要工农业产品的货源，在此基础上，逐步实行了有计划地组织商品流转的流通体制。商品按行政区划分配，按经济区域组织流转，按三级批发网络，即一级批发（全国性批发）、二级批发（经济区域内的批发）和三级批发（主要对零售批发）的供货层次及其网络组织流通，形成了有计划分配与有计划组织流转相结合的流通体制。这种体制，自"一五"时期的后期起，基本上一直延续到改革开放前。

一、"大跃进"时期的闽商

正当第一个五年计划胜利结束，第二个五年计划刚开始时（1958年），福建全省出现了"大跃进"和人民公社化运动，"左"倾错误使福建商业工作出现严重偏差。一是在提出"实现商业工作大跃进"的口号下，全省商业系统不切实际地提出了"生产什么、收购什么；生产多少、收购多少；需要什么、供应什么；需要多少、供应多少"的冒进口号，并全面开展"大购大销"运动。工业品不论品种新老、质量好坏、数量多少、价格高低，也不问市场需要与否、对路与否，只要工业部门生产出来，商业部门统统收购，因而造成不少货不对路和质次价高的滞压商品，其中不少成为处理商品；农副产品则"指山买竹""指塘买鱼"，买空卖空，付了款而收不到

货,从而发生不少呆账和资金悬案。二是关闭了自由市场,
抑制社队和社员之间的商品交流,甚至把农民间正常的商
品交换视为投机倒把、黑市交易。三是国营商业同外贸、水
产等部门实行大合并,实行政企合一,由条条领导为主改为
块块领导为主。供销社也并入国营商业。四是合作商店、
合作小组、小商小贩实行"一步登天"并入国营商业或套国
营模式统负盈亏。仅仅两年时间,这些措施给国民经济带
来严重困难,也给国营商业造成巨大损失。据 1961 年统
计,全省国营商业系统"三清"商品库存达 1.29 亿元,占库
存总值 39.5％,其中有问题商品的处理损失金额达 1898
万元。

在这一阶段,由于工作冒进、购销畸形发展、流通渠道
趋于单一,结果削弱了商业、阻碍了流通,市场商品出现既
积压又脱销,国营商业则出现家底不明、库存失实、在途商
品不清、财产管理混乱等严重问题。

二、经济调整时期的闽商

针对"大跃进"和人民公社化的过左政策带来的严重困
难,福建省商业部门遵照党中央"调整、巩固、充实、提高"的
方针,依据《关于改进商业工作若干问题规定(试行草案)》
和《关于商业工作问题的决定》,对商品流通渠道、批发体
系、农副产品收购政策和商品供应办法等做了调整:

第一,调整商品流通渠道。一方面,国营商业和供销社

商业恢复了若干专业公司建制；另一方面，将"一步登天"并入国营的小商小贩再划出去，发挥他们在社会主义市场中的应有作用，还开放集市贸易、恢复货栈等，使市场上多条流通渠道并存。

第二，调整批发商业体系。到1962年底，福建省商业厅在所属专业公司之下设42个专业二级站、26个兼营二级站任务的分公司、246个经营三级批发和零售业务的县市公司，组成全省二、三级批发零售商业网络。

第三，调整农副产品收购政策。对农产品分别采取统购、派购和议购三种办法，缩小派购范围，减少了统、派购任务，对部分农副产品实行奖售、换购政策，调动了农民生产、交售积极性。

第四，调整商品供应办法。根据市场上商品不足的实际情况，实行农民需要的工业品优先供应农村，城市需要的农副产品优先照顾城市，工农群众都需要的而又比较缺乏的商品实行城乡兼顾、统筹安排的供应原则。对某些紧缺商品，不少地区分别采取凭票供应、凭证限量供应、临时发专项商品购买证限量限期供应，发给综合购买券、在指定范围内自行选购等供应办法。此外，还对糖果、冰糖、糕点、盘菜、酒类、自行车、针织品、钟表、伊拉克蜜枣等紧俏商品实行高价敞开销售。以上措施，对调节供求、回笼货币、稳定市场物价起了一定作用。

与此同时，还改革粮食购销和不合理的商业经营规章制度，改善服务质量和服务态度，开展商业部门"红旗竞赛”,从多方面展开调整工作。

通过调整,全省国营商业网点、人员、商品购销额,经营管理水平等方面都有较大的发展和提高。1965年与1957年比较,城镇国营商业网点由1893个增加到4791个,增长了153％;商业从业人员从19640人增加到37314人,增长90％;商品纯购进6.3亿元,增长80％;商品纯销售12.43亿元,增长88.5％;商业经营利润4065万元,增长41.8％,出现了物价稳定、市场繁荣的好势头。

经过调整,在生产恢复发展的基础上,各地区固有的特色产品品种也都有不同程度的恢复和发展。

三、闽商的商业模式

总体上说,社会主义改造基本完成之后,闽商出现了两种商业模式。

(一)国营商业模式

到1957年,福建全省国营商业城镇网点从1953年的123个发展到1893个,增加了15.39倍,人员从1319人增加到19640人,增加了13.89倍;供销社机构已遍布乡村集镇,批发零售机构平均增加3倍,自有资金增长3倍多。以下通过台江百货大楼、福州东街口百货商店、百龄百货商店、长顺斋布鞋店、公私合营沈绍安兰记脱胎漆器公司、民天食品厂、厦门酱油厂等在十年社会主义探索时期的发展情况来说明闽商发展中的国营商业模式。

台江百货大楼（简称台百）是官僚资本与私人资本（方代椿、卢仲礼等）联合经营的"中国国货股份有限公司"，于1945年抗日战争胜利后在福州开业。1949年10月，人民政府接管后，没收官僚资本部分的股份改称"公私合营国货公司"，归福州贸易公司领导。1951年10月，对私人资本的股份按赎买政策全数退股，改称"福州市百货公司直属门市部"，1956年，向蔡骏霖购来一座在台江汛的三层钢筋结构店屋（原新联、瑞士店址），向杨淑蕴等人租赁来东亚等12家店址，后改建成四层百货商店，于1956年11月开业，更名为福州市百货公司第一商店，营业面积达2700平方米，经营品种达12700多种，职工308人，是当时全省最大的国营零售商店之一。1957年的营业额已从1952年的169万元增到490万元。1960年销售额达1604万元，利润111万元，分别比1957年增长2.18倍和2.27倍。1958年，被商业部授予"为人民服务标兵"的称号，并改称"福州市百货商店"。1958年后，因"左"的错误和自然灾害影响，台百营业额下降。1961年，贯彻中央"八字"方针和"商业四十条"后，情况逐渐好转。1963—1965年年均营业额为879.6万元，比1962年增长42％。"文化大革命"期间，商店营业再次受到影响，1968年营业额仅392万元，比1957年还低26％。1970年，福州百货公司的大桥商店，福州五交公司的台江门市部划归台百领导，同时在商店的对面增设一家日夜门市部。1973年,台百实行定额管理,开展"五定一分析"(定销售、劳效、库存、差错率、经营品种;分析经济指标执行情况),从而改善了经营管理,提高了经济效益。

1957年9月21日福州东街口百货商店(以下简称东百)在繁华的东街中心建成开业。商店共4层,1～3层营业面积2700平方米,人员232人,是当时全省最大的百货商店之一。开业后,在全国商业系统开展的"学天桥、赶天桥"和"比、学、赶、帮、超"社会主义劳动竞赛中,推行杨秀玉创造的"接一、顾二、联三、招呼四"售货工作法,得到社会好评。商店推行的无脱产人员管理,搞好服务态度,提高服务质量的经验,闻名于省内外,得到商业部肯定。1958年6月10日商业部在东百召开了南方12省、市"学天桥、赶先进"现场经验交流会,并被授予全国商业战线红旗单位称号。1959年营业额达1598.70万元,利润114.20万元,比上年分别增长1.15倍和1.57倍,被评为"全国工业、交通运输、基本建设、财贸方面社会主义建设先进集体"。"大跃进"期间,受"左"的思想影响,营业额和利润有所下降,商品品种减少一半。1963年后情况逐步好转。到1965年,营业额和利润已分别比1962年增长2.2%和4.1%。1966年"文化大革命"开始后,商店中许多化妆品、特艺品、商标、商品名称等被当作"封、资、修"的东西捣毁、禁销,规章制度被打乱,商店处于半瘫痪状态,致使1968年的营业额和利润比1965年分别下降47%和53%。1976年市场有所好转,年营业额 985.34 万元,利润 61.27 万元,分别比 1968 年增长 1.51 倍和 2.41 倍。

创办于 20 世纪 30 年代的"百龄百货商店"1955 年改为"百龄经销店",1956 年获准公私合营。1957 年转为国营企业后,国家投资 30 多万元,将旧楼房改建成面积 1033 平方米(扩大了 433 平方米)的钢筋水泥结构店屋,营业面积 640 平方米(扩大了 340 平方米),并投资 7 万多元,将木柜台改为铝合金柜台。经营品种从 100 多种发展到 2000 多种,营业额从 1956 年前年均 117 万元,发展到 1957 年至 1989 年年均 260 万元,最高年份达 484 万元,利润从年均 4.3 万元,发展到年均 13 万元。

长顺斋布鞋店开设于清同治八年(1869 年),曾深受朱德、陈毅、董必武、郭沫若、叶飞、彭冲、陆定一等国家领导人以及梅兰芳、田汉等知名人士的赞许。1955 年,该店并入鼓楼布鞋社后,由于生产这种布鞋花工大、成本高,不合经济要求,因而停产。1956 年 12 月,省委根据群众反映,指令有关部门恢复生产。当月,长顺斋布鞋小组从鼓楼布鞋社分出恢复生产。1958 年并入鼓楼社,后又停产。1959 年 7 月因群众提意见,又恢复生产。同年 12 月,划归东街口百货大楼管理。1962 年,归福州手工业管理局。1969 年 3 月,又并入鼓楼布鞋厂,后来又停产。到 1984 年再恢复,归市工商业联合会管理。

创办于清代的沈绍安脱胎漆器店于 1952 年改称公私合营沈绍安兰记脱胎漆器公司。1955 年,第三、第四脱胎漆器合作社并入该公司成立公私合营福州脱胎漆器厂(1960年转为地方国营福州第二脱胎厂)。1957年,为了扩大脱胎漆器生产,将原有第一、第二合作社合并成立地方国营第一脱胎厂。福州脱胎漆器工艺得到很大发展,飞马牌和地球牌产品多次获得金牌奖、金杯奖、百花奖等。

创办于1931年的民天食品厂,于1954年9月实行公私合营,是较早一批的公私合营厂之一,称为公私合营福州民天食品公司。1956年,改称福州市第一食品厂,在当年调整行业时,将糕饼、酿酒等品种划归福州糖果糕点公司和福州酒厂生产,又将仓山区酱油合作厂和济发酱油厂并入民天厂,使该厂成为生产酱油为主的厂家。"文化大革命"中,改称朝阳酱油厂。1971年恢复原名,并新创特级鱼露,产品也恢复出口。

厦门酱油厂前身是淘化股份有限公司和大同股份有限公司。淘化股份有限公司创办于光绪三十四年(1908年),初创时厂址在鼓浪屿康泰埯,主要生产酱油、酱菜等产品。厦门淘化大同股份有限公司于1956年公私合营,不久与管辖零售调味品商店的厦门酱油管理处合并为厦门酱油厂,隶属厦门市商业局管辖,从而改为国营。对私改造后,厦门酱油厂进入一个发展时期,企业由原来只有两个酱油生产组逐步发展为有制曲、酿造、调味、腌菜、酱菜、豆乳、味液、包装、维修、锅炉、储运、化验室、后勤等十几个车间、班组以及20家零售门市部的规模。

1976年,"文化大革命"结束。1977—1978年,社会经济开始恢复发展，商业工作和商业购销渐趋正常。1978 年全社会商业零售业总额 33.66 亿元，比 1976 年增长26.8％，年递增 12.6％，比"文化大革命"十年年递增 4％，提高 8 个百分点，市场供应明显转好。

（二）集体经济走向了"二国营"的模式

从 1957 年至 1966 年，在"左"的思想影响下，福建城镇（合作）集体经济逐步走向了"二国营"的模式，即用工制度取消分红制，改用工资制；资产归属名为劳动群众集体所有，实为谁也不占有；分配制度和福利制度实行财产"归大堆"，统负盈亏。

1958 年以后，原来实行入社自愿、退社自由、经济发展、自负盈亏的集体所有制出现了"一大二公"过渡升级的问题，许多手工业合作企业"升级过渡"为全民所有制企业。一部分下放到人民公社，机构被撤并，政策被搞乱，集体企业资产被平调，违背了生产关系一定要适应生产力发展的客观规律，挫伤了广大职工的积极性，给合作经济的发展带来了巨大的损失和严重后果。这一时期，集体企业数量锐减，到 1958 年底，全省手工业企业只剩 485 个，比 1957 年减少 3538 个，工业总产值 1844 万元，比 1957 年下降 97.2％，从业人员 2.61 万人，比 1957 年减少 9.45 万人。1962 年全省轻工业产值降到 2.8 亿元。手工业合作社升级、过渡、下放等忽上忽下，所有制形式和管理体制起伏不定,把全民所有制经济形式作为合作经济的发展方向,退还职工全部初始投入的股本金,取消劳动分红,改用工资制。企业的公共积累成为职工集体的财产,公有共用,并按全民所有制经济的管理模式实行高度集中的计划管理,把本来是独立核算、自负盈亏的手工业者或手工业合作组织中的绝大部分纳入吃"大锅饭"、端"铁饭碗"的体系中。城镇集体经济资产名为劳动群众集体所有,实为谁也不占有,成为名副其实的"二国营""二全民"。集体企业成为政府部门的附属物,没有经营管理自主权和资产的独立。集体企业创造的纯收入大多通过各种税费形式上缴国家财政,构成国家预算收入的组成部分。按照国家和上级计划进行生产、接纳职工、安置复员军人和残疾人,很长时间集体企业实行统负盈亏,企业的管理者往往由人民公社或生产大队的领导成员亲自担任或任命委派,实行了财产归大堆,在利益分配问题上也由上级来确定,抹杀了职工的个人所有权。原来那种"自筹资金,自主经营,照章纳税,自定报酬,自负盈亏"的集体经济的自主灵活特征消失殆尽,企业职工的主人翁意识日趋淡化,极大地影响了集体经济生产力的发展。

福建城镇集体企业沿袭"二国营"的经营管理模式,致使轻工集体经济没有得到应有的发展,存在的问题主要有:

1.产权制度单一

从产权制度的主体来看,我国实行的是社会主义公有制,产权制度的主体是国家,1956 年完成社会主义改造后,一切生产资料均归国家或集体所有。在这种高度集中统

一、极度单一形式的所有制度下，各种各样的主体之间的矛盾产生了。社会中的主体除了国家和集体之外，还存在其他形式的主体，如企业、公民个人以及企业与公民个人之间的各种联合。这些没有产权的主体对产权也有一定的要求，这就形成了这些没有产权的主体和拥有产权的主体——国家和集体之间的矛盾。矛盾的产生导致社会生产效率的降低。这种单一的产权制度，由于缺乏对其他无产权社会主体的激励，因此不利于社会生产效率的提高，也不利于社会生产力的发展。

2.管理体制不合理

由于"左"的错误影响，政府与集体企业之间的关系仍未理顺。当时基本建设战线太长，工业摊子铺得过大，投资超过了国力，造成了资源的巨大浪费，因而造成轻工业大幅下降，生产总量逐年萎缩，经济效益严重低下，消费品短缺，人民生活困难，社会保障能力薄弱，改制成本缺口增大。

3.经营模式单一

人民公社超越了生产力的发展水平，盲目追求"一大二公"和逐级过渡的"左"的错误思想，没有考虑到社会主义初级阶段还需要有多种经济形式或多种经济成分的存在，以利于社会生产力的发展。把"一大二公"的公社体制作为唯一的目标趋势，制约了多种经济成分的发展，不仅限制了劳动者在这一体制外的其他选择，扼杀了劳动者的利益，而且实行"一平二调"也损害了各生产集体（生产大队和生产小队)的群体利益,使生产积极性遭受了严重挫伤,集体经济逐渐失去活力。后来对人民公社制度进行了一种不彻底的改革和调整,将其调整为"三级所有、队为基础"的所有制形式。

1956—1966年福建城镇集体工业的发展过程中,由于"大跃进"造成的脱离实际、盲目发展、重复建设等问题严重,在三年经济困难时期,这些问题更是暴露无遗,许多轻工业项目停建或下马,轻工业出现了大滑坡。集体经济被界定为"劳动者放弃个人所有权"的经济形式,实际上是国家以行政手段取消劳动者个人产权。集体企业生产曾一度萎缩,引起市场供应紧张。集体经济"二国营"模式与管理体制已经成为束缚和影响福建城镇集体工业生产力发展和劳动者积极性的桎梏,但也并非一无是处,这一时期的手工业合作社的"转厂过渡",即手工业合作社转为地方国营工厂,促进了地方工业产值的增长,有些地方还为后来的"五小工业"(小钢铁、小化肥、小煤窑、小机械等)和乡镇企业打下了基础。还有1962年决定在人民公社内部实行"三级所有,队为基础"(即生产队、生产大队、公社三级所有,生产队为基础)的所有制形式,公社、大队、生产队对不同范围的生产资料拥有所有权,恢复社员的自留地,鼓励社员经营多种家庭副业,开放集市贸易。集体商业、手工业得到恢复,个体商贩、个体经营重新得到发展。

福建省在发展城镇集体经济的过程中能够适时抓住中央为克服困难,调整"大跃进"以来被打破的某些经济平衡关系的时机,认真贯彻中央的方针,对全民所有制进行了压缩,恢复和发展集体所有制,适当允许个体经济和个体经营的存在,大幅压缩基本建设投资和工业生产指标,对经济发展中的重大比例关系、管理制度等进行一系列改革,使其基本上符合客观实际和规律,较好地调动了手工业者的劳动积极性,从而指导福建工业比较顺利地恢复和发展。

第五节 "文革"时期的闽商(1966—1976)

"文革"是一场由领导者错误发动,被反革命集团利用,给党、国家和各族人民带来严重灾难的内乱。在这种大背景下,福建经济建设也遭到极大的破坏,造成极大的损失。即使如此,在"文化大革命"期间,广大闽商仍然坚持开门营业,坚守工作岗位,保证城镇居民生活供应。1969年开始,随着全省性的机构撤并、干部下放、城镇居民的迁徙,商业搞商店大集中,合并小店,办大商场,全省商业网点大量减少。在此期间,各地开办了一些集中的大商场。福州西湖边的"红湖商场",福州下杭路的"兴无商场"、仓山"文革商场",就是这个时期的产物。1975年,全省商业厅系统国营商业网点1911个,比1965年(4791个)减少60.1%;集体商业网点1247个,比1965年(2946个)减少57.7%。"文化大革命"给福建商业带来巨大损失。

第一,从根本上搞乱商业经济理论和政策,社会主义的商品经济被当作资本主义倾向进行批判,商业的正常作用被说成"流通决定生产论",合理的盈利被斥为"利润挂帅",正常的管理制度被歪曲为"管、卡、压"。商业的传统经营特色和经营管理制度被破坏,多样化、有传统特色的商店招牌、商标、经营品种、服务项目和一些高档化妆品、饰品(如项链、耳坠等)被视为封建主义和修正主义东西,被停止经营和停止服务。一些多年来行之有效的商业规章制度遭到严重破坏,造成内部经营管理混乱,工作处于无序状态。

第二,全面打乱了商业的正常机构体制。机构进行第二次大撤并(第一次是"大跃进"期间),粮食、商业两厅,省外贸局,省供销社合并为省"革命委员会商业局",撤销各单位原有处、室,各专业省公司撤并为革委会商业局的相关专业组,商业职工大批(占职工总数 90％以上)下放农村劳动锻炼。1971 年后至 1976 年,合并的机构才又先后分别恢复,下放职工逐步调回单位。

第三,农村限制集市贸易;城市撤并零售网点,组建综合商场。以 1966 年与 1975 年比,全省商业网点由 1.04 万个减为 5561 个;从业人员由 6.18 万人减到 4.51 万人,每个网点承担供应人口从 226 人增至 570 人。这一历史阶段,商业工作和商业队伍大为削弱,经营服务网点减少,商品流通不畅,人民生活不便,上市品种减少;市容冷清单调。

一、"文革"时期闽商发展的三起三落

"文革"十年动乱期间,闽商的发展时起时伏,大致说来呈现"三起三落"的发展趋势。政治局面相对缓和的时候,国民经济就能得到发展;相反的情况则经济不仅得不到发展,还受到严重的干扰和破坏。[①]

1.第一阶段(1966年5月至1968年8月)

1966年由于动乱主要在上层建筑,因此闽商企业还能继续得到发展。到了1967年,特别是"八二九"等造反派夺取省委党、政、财、文大权后,国民经济陷入无政府状态。所以,"文革"中的1967年、1968年,闽商企业遭受到最严重的破坏。1968年,全省工农业总产值27.14亿元,比上年下降了26.0%,减少了将近10亿元,仅为十年前的水平。[②]

2.第二阶段(1968年8月至1974年)

中共九大以后,才开始恢复各级党政机关的工作,全国的局势相对缓和,闽商企业的发展也开始逐步恢复。1970年,国内生产总值、国民收入以及工农业总产值等均超过1960年的水平。但是,在当时的时代背景下,存在急于求

---

① 叶青、陈秋兰:《"文革"时期福建经济的"三落两起"》,《党史教学与研究》2013年第3期。
② 福建省统计局编:《福建统计年鉴1992》,北京:中国统计出版社,1992年,第18~27页。

成、盲目冒进的倾向。1971 年至 1973 年,全省工农业总产值继续增长,粮食产量继续上升。但 1974 年开始了批林、批孔运动,把矛头指向刚刚站出来工作的一大批老干部,闽商企业的发展又遭到挫折和破坏。

3.第三阶段(1975 年 1 月到 1976 年 10 月)

1975 年邓小平同志开始主持中央日常工作,对国民经济和各方面工作开展了全面的整顿并取得了很大的成绩。这一年,福建全省的社会总产值比 1974 年增长 4.7%。尽管这一年福建经济建设中仍存在很多问题,但总的来说,这一年闽商的发展状况是比较好的,呈现上升趋势。但好景不长,"批邓、反击右倾翻案风"运动使得闽商的发展再次陷入困境,全省工业企业的亏损面达 30.7%。

二、"文革"时期闽商遭受的损失

(一)国民经济重大比例关系的严重失调

从产业结构来看,由于片面突出工业,特别是重工业,造成五大生产部门的产值在社会总产值中的比重变化为:农业由 42.9% 下降到 34.5%,工业由 39.8% 上升到 48.1%,建筑业由 7.7% 上升到 8.4%,运输业由 4.1% 上升到 4.4%,商业由 5.5% 下降到 4.6%。反映在实际生活中,农业基础薄弱制约了农业自身的发展,也制约着整个国民经济的发展,而交通运输业则成为国民经济发展的瓶颈。工农业内部的结构也是不合理的,工业内部表现为重工业过重、轻工业过轻,农业内部表现为片面扩大粮食种植面积,排挤副业、经济作物,严重破坏农业的全面发展。从积累与消费关系来看,比例严重失调。在一定的积累总额中,生产性建设投资的比重越大,必然越挤占人民的非生产性基金,严重影响人民的生活,最终造成社会的大问题。"三五"时期,全省完成基本建设投资总额中,非生产性建设投资只占7.9%,其中住宅仅为3.6%,1970年住宅所占比重小到1.6%;"四五"时期城市住宅投资虽有增长,也仅为总投资的4.3%。

(二)经济效益越来越差,造成大量的资源浪费和财政的收不抵支,人民生活水平下降

十年的动乱破坏了正常的生产、建设秩序,重复建设现象严重,固定资产投资效益极差。"三五"时期,固定资产交付使用率降到45.4%,"四五"时期也仅为59.1%,仍远低于调整时期的83.2%。这说明十年中,闽商企业的固定资产投资资金周转缓慢,社会投资效益极差。因此,虽然福建广大人民为坚持社会主义建设而辛勤劳动,但由于生产效益大幅度下降,财政连年亏空,人民的生活水平也相应下降。十年内,全省全民所有制的全员劳动生产率平均每年仅增长1.5%,其中"三五"期间,1970年全员劳动生产率与1965年比,降低了12.4%,职工工资也大大减少,如果考虑其他

因素,实际工资更是减少了。1976年全省平均每个农民出售农副产品和劳务收入,每年仅递增0.7元,这说明农民的收入也没有增加。

(三)流通渠道阻塞,市场供应紧张

"文革"的十年是商品生产被扼杀的十年。据1970年统计,福建省商业零售总额比1965年增加0.64亿元。因为商品货源不足,供需矛盾加剧,许多生活必需品不得不实行凭证定量供应。特别是1976年上半年,"四人帮"在掀起"反击右倾翻案风"的同时,又下令"禁止农副产品在集市上自由出售""要在农村市场实行无产阶级专政",由此使流通渠道基本上阻塞,市场供应更加紧张。

闽商在"文革"中虽然遭受了严重的破坏,但是,由于福建全省各界对"文革"的"左"倾错误采取了多种形式的抵制,使得闽商企业的某些方面还有曲折的发展。例如青州造纸厂、福建永安水泥厂一号窑、古田溪电站等。特别是此时期中福建还建成了闽江大桥、乌龙江大桥,对以后全省的经济建设和加强战备都有着十分重要的意义。

1976年10月,中共中央领导全国人民取得了粉碎"四人帮"的重大胜利,使我们国家进入了新的发展时期。1978年12月,中国共产党召开了十一届三中全会,这次会议是新中国成立以来最具有深远意义的伟大转折,也是闽商在身份被消解之后重获新生的历史大转折。在商业方面,适

当调整了农产品收购政策，改革了工业品购销形式，实行了多种经济成分、多条流通渠道、多种经营方式、少环节的商品流通体制，进行了扩大企业自主权和经营责任制的试点，加强了商业网点、流通设施和商业队伍的建设，使得商品流通结构和方式与国民经济发展不相适应的情况初步得到扭转。

第二章
改革开放后的闽商
（1978—2012）

20 世纪 70 年代末起，随着亚太地区经济的兴起和中国的改革开放，海内外的闽商队伍迅速壮大。据统计，至 2010 年，闽籍海外华侨华人达 1000 多万人，分布在世界 160 多个国家和地区；闽籍港澳同胞 200 多万人，台湾同胞中 80% 以上祖籍福建。东南亚的闽籍华商成为世界华商的一支中坚力量，国内的闽商成为中国经济舞台最活跃的三大商帮之一。在闽商帮中，泉州、莆田、福州三大商帮表现得最为出色。在福建的周边省份乃至华东地区，以及其他东部沿海发达地区，闽商也在外来投资经商者中占据主导者的地位。党的十一届三中全会召开后，福建坚决贯彻党的十一届三中全会精神，在思想路线上拨乱反正，及时把工作重点转移到以经济建设为中心上来，拉开了改革开放的序幕。在摸清省情的基础上，中共福建省委先后提出了一系列扬长避短、发展经济的战略设想，为福建经济步入健康发展轨道起到了重要的指导作用。福建作为改革开放的前沿和试验田，又与台湾关系独特，所以从改革开放之初，福建就以三资企业和国际加工厂的身份出现。

特别是 20 世纪 80 年代中期以来，闽商的经济实力不断增强。在东南亚地区，闽籍华商的企业规模急剧扩大，经营结构趋于多元化，海外投资不断扩大。

2004 年初，福建省提出了"建设对外开放、协调发展、全面繁荣的海峡西岸经济区"的战略构想，有效地激发了福建各界发展经济的热情。国家各部委和中央企业也加大了支持海西经济区发展的力度，有力地推进了福建社会经济的持续快速发展。2007 年，全省实现生产总值 9249 亿元、财政总收入 1284 亿元、城镇居民人均可支配收入 15505 元、农民人均纯收入 5467 元，分别是 2000 年的 2.5 倍、3.5 倍、2.1 倍和 1.7 倍，年均分别增长 13.7％、19.5％、11.1％和 7.8％，其中 2004—2007 年间，年均分别增长 16.7％、23.6％、11.6％和 10％。

第一节　改革开放后国有企业中的闽商

改革开放以来的福建经济社会发展迅速，全省经济实力大大增强，经济结构不断优化，产业结构升级取得明显成效。经济发展与产业结构是相互依赖、相互促进的，产业结构是经济发展的结果，同时也是经济发展的动力。1978 年以来，福建省经济发展经历了几个比较明显的周期：1978—

1983 年是第一个经济增长周期,1984—1986 年是第二个经济增长周期,1987—1990 年是第三个经济增长周期,1991—1996 年是第四个经济增长周期,1997—2001 年是第五个经济增长周期。2002 年开始进入了第六个经济增长周期,2002—2007 年 GDP 增长速度分别为 10.2%、11.5%、11.8%、11.6%、14.8% 和 15.2%。改革开放后,在经济发展的推动下,福建国民经济三次产业结构仍沿着第二产业、第三产业比重上升,第一产业比重下降的通道行进,仍处在工业化加速发展阶段。

随着改革的深入,福建国有企业以资产重组优化为纽带,通过"三改一加强"加快了现代企业制度建设和投融资体制改革,企业组织结构得到优化,竞争力提高,工业企业规模不断壮大,涌现出了一批大型骨干企业,成为国民经济的中流砥柱。到 2007 年底,福建全省大中型工业企业达1648 家,其工业总产值占规模以上工业总产值的 60.5%,资产总额占规模以上工业资产总额的 63.3%。1978 年全省没有一家产值上亿元的工业企业,2007 年产值上亿元的企业达到 2082 家,其中 10 亿元以上 136 家。

一、商品流通体制改革中的闽商

1978 年 12 月中共十一届三中全会以后,福建根据中央"对外开放,对内搞活"的政策,对商品流通体制进行一系列改革。1979 年,根据国务院批转工商行政管理总局《关于全国工商行政管理局长会议的报告》的精神,开放全省城乡集市贸易,按"管而不死,活而不乱"原则进行管理。1979年9月,福建省商业厅发出通知,允许厂矿事业单位自办商业。1981年7月,国务院发布《关于城镇非农业个体经济若干政策性规定》,1981年10月,中共中央、国务院发布《关于广开门路、搞活经济,解决城镇就业问题的若干决定》,省政府据此相继制定扶持个体工商业发展的具体措施,城镇个体经济开始有较快发展。1981年底,全省已有个体工商户6.54万户。1983年《当前农村经济政策的若干问题》提出放手发展合作商业,适当发展个体商业,进一步促进个体工商业的发展。当年年底全省个体工商户达14.1万户。1984年10月中共十二届三中全会后,有关部门在资金、货源、税收上支持发展集体、个体商业,到1989年末,全省集体、个体商业网点达到25.65万个,占社会商业网点总数的91.42%。

改革开放初期,商品市场逐步放开,商品价格管理也逐步放开,国营商业经营逐步搞活,工业企业由单纯的生产型转向生产经营型,采用自设门市部、工商联销、多形式展销等形式,广泛开展自销经营。

一是商品市场逐步放开。1979—1980年,全省开展粮油和三类农副产品的议购议销;粮油等农产品在完成征购任务后允许社队、农场自己加工经销。1981年,将工业品的收购包销形式改为统购统销、计划收购、订购和选购4种形式,发展厂店挂钩、前店后厂、前零后批等灵活多样的经营形式,废止工业品出省采购限制规定,允许企业、事业单位和供销部门到外地区、外部门择优选购工业品。1982 年 6 月,按照《国务院关于疏通城乡商品流通渠道扩大工业品下乡的决定》,商品流通由过去按城乡分工改为按商品分工、城乡通开的新体制。1983 年,对农民完成统派购任务后的产品和非统派购产品开始放开经营,允许灵活购销、长途贩运。1984 年,开放茶叶市场。1985 年,取消粮食、棉花统购和生猪、水产品的派购,实行合同定购、议购议销。1985 年,计划管理的品种已由 1981 年的 63 种减少到 16 种,其中实行指令性计划的仅 9 种(棉、粮、油、食糖、元钉、铁丝、化肥、农药、废钢铁),除此以外的品种基本上实现自由购销。

二是商品价格管理也逐步放开。1979 年,放开部分三类小商品价格,实行高进高出、低进低出,随行就市。1982 年,放开全部小商品价格。1985 年,将缝纫机、自行车、洗衣机、黑白电视机等商品的价格放开,同年生猪、鲜蛋、家禽、蔬菜、水产品的价格相继放开。

三是国营商业经营逐步搞活。供货关系上打破按一、二、三级批发到零售的顺序固定供货的方式,实行开放式经营。1980 年起,允许三级批发企业直接向产地采购批发站进货。1981 年,允许零售商店直接向二级站进货。1983 年开始,只要经济合理,批发企业之间、批零之间、工商之间都可建立供销关系。与此同时,广泛建立横向经济关系,冲破条块分割和地区封锁。

通过改革开放，福建城乡市场发生巨大变化。

第一，城乡市场由于工农业生产的发展和商业改革的不断深化，走向繁荣活跃。福建省市场容量和范围不断扩大，商品经营门类和服务项目不断增加，各地涌现出一大批以国营商业为主导、多种经济成分兼容的商品市场，城乡闹区各种商业城、商品街、专业市场、小商品市场、边贸市场、特区市场、集贸市场等蓬勃发展。福州商业城、台江农副产品市场、石狮服装市场、莆田鞋类市场、南安水暖器材市场等名扬海内外。市场上商品琳琅满目，福州、厦门等地的大型商品经营品种有四五万种。多数商品供应充足，群众消费水平不断提高。1989 年，全省社会商品零售总额达227.02 亿元，比 1950 年增长 55 倍，比 1978 年的 37.25 亿元增长 5.09 倍。在社会商品零售总额的增长中，农业生产资料零售额 1989 年比 1978 年增长 2.69 倍，消费品零售额1989 年比 1978 年增长 5.62 倍。1978 年前市场上凭证商品有 80 多种，到 1985 年除部分副食品和紧俏高档交电商品暂时凭票供应外，绝大多数商品已敞开供应。

第二，社会商业结构发生重大变化。1978 年以后，商业领域逐步放开经营。国营、集体、个体一起上，社会商业蓬勃发展，尤其是集体、个体、工业自销和其他零售商业发展迅猛，网点增加，买卖方便，新型流通体制初步形成。1989 年，全省国营零售商业、服务业机构计 8042 个（1980年有 796 个），人员 85563 人（1980 年仅 3400 人）；同年全省集贸市场发展到 1657 个，集体零售商业、服务业机构

41730 个,从业人员 172092 人;个体零售商业、服务业机构发展到 256462 个,从业人员 389615 人。1989 年,各种经济类型的商品零售额比重为:全民所有制占 32.57%,集体所有制占 31.78%,合营占 0.62%,个体占 35.03%。集体、个体商业和集贸市场已成为居民消费供应中的重要渠道。

第三,企业活力不断增强。1978 年以来,围绕着搞活企业这个中心,全省商业系统进行了多方面的改革。1980 年开始,先在企业内部进行承包,实行"几定"包干、盈亏包干、百元销售工资含量包干等。1983 年,省商业厅将三级批发企业、零售企业和蔬菜、食品企业的财务管理权下放给县市。1984 年 3 月,全省 55 名厂长、经理发出给商业企业"松绑放权"的呼吁,闻名全国。省商业厅支持他们的倡议,于 1984 年 4 月下达文件,对基层商业企业在计划、价格、业务、财务、人事、劳动管理等方面进行"松绑"放权。1984 年,全省国营商业、服务业、小型企业开始试行"改、转、租"三种形式放开经营。1986 年,省商业厅在厦门召开全省商业局长会议,总结推广厦门市小型企业以租赁为主的放开经营的经验。1987 年,以推行承包经营责任制为主要内容的大中型商业企业改革全面展开。到 1989 年底,全省商业系统小型商业企业已放开经营 2074 家,其中租赁经营占放开数的 78%;国营大中型企业已有 519 家推行承包经营责任制,占大中企业总数的 98.5%;有少数商业企业进行股份制试点和企业经济效益与工资挂钩试点。此外,商业部门的冷库设施、仓储设施和运输车队等,也改变封闭经营的模式,陆续向社会开放。企业的压力、活力、动力都有所增加,经济效益有所提高。1989年,商业厅系统商品总销售额达61.59亿元,比1978年增长2倍。

第四,新型商业企业蓬勃发展。这一时期,由于生产和消费的发展,商业组织形式也随之创新。市场上,各种批发中心、贸易中心、购物中心、自选商场、连锁商店等应运而生。随着改革的不断深化,地区之间、部门之间、行业之间的分割被打破。工商、农商、商商、国合联营不断发展。1980年12月,"全国15家百货商店经济联合会"在北京成立,福州东街口百货商店为该会会员;1981年9月,"全国12省市信托贸易经济联合会"成立,福建省贸易信托公司为该会会员。1982年,工商之间开展代批代销业务和联营联销业务,如福州文化用品公司与福州电子计算机厂和福州铅笔厂先后联营,福州百货批发公司与福州牙膏厂联营。福州台江百货大楼、厦门一百、泉州钟楼百货大楼、漳州百货大楼等分别加入全国性的"新联会""经联会""贸联会"等联合体;福州华联商厦、厦门东海大厦加入商业部统一命名的全国14个沿海开放城市"华联商厦"组成的综合性大型商业企业联合体。商业联合的发展,促进商业集团的建立。到1986年底,全省商业企业建立了660个横向经济联合项目,其中紧密型的经济联合体72个。1987年,由省糖酒菜副食品公司牵头,沿海四个城市副食品公司和四大糖厂组成南方(福建)食糖购销联合集团,成为我省首家由商业牵头、工商联合的紧密型集团。

　　与此同时,省、地、市、县商业部门还大胆突破原有的经营范围,开发了一批有特色、有竞争力的新兴行业。有经营旅游业务的厦门市厦港旅游公司、武夷山市建大旅游公司等;有经营房地产业务的省商业建设开发公司、永兴房地产开发公司等;有经营广告业务的福建省商业广告公司、厦门市商业广告公司等;有经营石油液化气、装饰装潢、饮食用具的公司;还有不少经营企业创办了服装、饮料、日用工业品等生产企业,走出了厂商结合的路子。

　　第五,外向型商业取得进展。商业系统外向型经济从70年代末开始尝试。1979年,福州市服务公司与香港闽华企业贸易中心合资兴办福州艺光摄影室,成为福建省商业系统首家中外合资企业。以后相继又有厦门华夏彩照冲印公司、闽都大厦、绿岛饭店、厦港旅游公司等一批中外合资企业成立。1981年,省政府批准成立新兴贸易公司,专门经营对台贸易。1988年4月,省商业厅在全省商业局长会议上正式提出,把内外贸结合作为福建国营商业发展的目标之一。紧接着,省商业厅和厦门、福州等地、市的商业局成立外经处(科),专门指导和管理这项工作。各地积极开展合资合作、三来一补(来料加工、来件装配、来样加工、补偿贸易)、出口创汇、国内创汇、以出带进等业务,很快取得成效。到1989年末,全省商业系统共举办"三资"企业和"三来一补"企业27家,投资总额达1200万美元。1989年,全省商办工业产品出口创汇741.37万美元。有20多种商办工业产品打入国际市场;省华侨友谊公司回笼侨汇券660万份；福州、厦门、漳州、泉州市购物中心收入外汇兑换券近8000万元；省台胞购物公司及福、厦、漳、泉、莆5个台胞购物中心收入兑换券3233万元；省新兴贸易公司接待台船231艘、850人次，创汇40.75万美元；全省商业部门供应出口商品8232万元，接收进口商品2.61亿元。

二、呼吁"松绑放权"的国企闽商[①]

1984年3月，福建55位厂长、经理敢为天下先，联名发出《请给我们"松绑"》的呼吁信，轰动全国，成为我国企业改革发展史上的一个标志性事件，后来"全国企业家活动日"即定在福建省55名厂长、经理发出呼吁信的3月24日。

1984年3月21日，"福建厂长（经理）研究会"成立，55位来自福建省各地的厂长、经理，聚集在福州第二化工厂招待所。会议主题，一是通过研究会章程，选举产生第一届理事会，二是交流搞好企业的经验。会议主持人是研究会筹备小组负责人、福州二化党委书记兼厂长汪建华，会上汪建华被一致推举为福建厂长（经理）研究会第一届会长。

福日公司总经理游廷岩和福州铅笔厂厂长龚雄的发言引起了与会者的强烈反响。当时福日公司是福建第一家中

---

① 刘美桢：《"松绑放权"推动国企改革》，《福建日报》2008年11月3日。

外合资企业,福州铅笔厂是国有企业改革试点单位,它们拥有比一般工厂更多的自主权。

听了典型发言,与会的厂长、经理们坐不住了,他们是既羡慕又不服,纷纷诉说企业无权之苦:"同样面临省里下达的工业指标的压力,可人家拥有那么多灵活的自主权,干得心情舒畅,我们却被高度集中的旧体制'五花大绑',生产计划、原材料、产品、工资奖金、干部人事等全得由政府主管部门说了算,工厂连建个厕所都要层层报批。人家有的是动力,而我们只有压力,企业被束缚得想干干不动、想活活不了。要是有关部门也给我们一些权,我们的企业照样可以搞好,甚至可以搞得更好。"

经验交流会变成了诉苦大会。可贵的是,这些厂长、经理绝不仅限于诉苦,而是在诉苦中找出路,压力与动力在碰撞中产生出绚丽的火花。当他们把出路瞄准在捆绑于企业身上的"绳索"时,这次的厂长(经理)研究会的非凡意义便已初显端倪,而那炫目的火花便是会议之外的收获——呼吁"松绑放权"。

"松绑放权"事件的核心看点,无疑就是那篇轰动全国的超常规越级要权的公开信。提起这封信,不能不提黄文麟这个名字。

黄文麟当时是作为省经委副主任和省企业管理协会的负责人出席会议的。他说,听了厂长经理们的抱怨,他十分同情和理解,同时也很受感动。他们的这种呼声,是时代发展的呼唤,最终会成为一种冲破旧体制羁绊、深化企业改革的不可遏制的力量。

黄文麟说，作为企业管理协会的负责人，他当时想得更多的是有责任正确引导好、保护好、发挥好这股力量。于是，他与时任企业管理协会秘书长藤能香商量，如何把厂长经理们的心声向上反映。他们共同的看法是：这是涉及体制改革的大问题，如果打个报告，按一般渠道、一般方式逐级上报，可能解决不了问题，必须用一种超常规的方法来反映。于是决定以联名呼吁书的形式，直接递交给省委书记项南。

1984年3月22日上午，根据厂长、经理的讨论发言，黄文麟主笔起草了要求下放五项权力的呼吁书，题目就是《请给我们"松绑"》。呼吁书出稿后，又找来汪建华、龚雄、林进兴等几位厂长、经理讨论，做了进一步的修改，最后在大会上宣读通过并得到热烈掌声。许多厂长、经理回忆说，他们当时的确只是抱着一种希望，如果省委省政府能答应其中的两三项，就很满足了。

1984年3月22日下午，黄文麟和藤能香拿着呼吁信赶往省委书记项南的办公室。他们在离开省委半小时左右，便接到项南秘书的电话说，书记已经看过了，而且做了批示，并把信转给了《福建日报》。

项南的批示就是为《福建日报》代拟的导语，其中指出：此信情辞恳切，使人读后有一种再不改革、再不放权，就真是不能前进了的感觉。

1984年3月24日，《福建日报》以《五十五名厂长、经理呼吁——请给我们"松绑"》为题,在一版头条将呼吁信全文刊发。这则新闻后来被评为当年中国新闻奖特等奖。

1984年3月24日一大早,几十份《福建日报》在会议上被分发,大家读后都非常兴奋,厂长、经理们更是从拿到报纸那一刻起便开始期待这封呼吁信的回音。呼吁信发表的当天,省委组织部就研究形成三条意见,在企业人事任免、干部制度改革、厂长负责制等三方面,给企业放权。省经委、省财政厅、省劳动局等各有关部门纷纷做出反应,支持55位厂长经理的呼吁,开始"松绑放权"。省政府连续颁发9份文件,下放企业管理权。福州市委、市政府还专门讨论决定采取6条措施,不当"新婆婆",支持"松绑放权"。

由于"松绑"呼吁信切中制约企业改革发展的要害,发表后立即在政企各界引起强烈反响和连锁反应,成为新闻媒体争相跟踪的焦点,可谓一石激起千层浪。而集体的诉求、领导的支持、媒体的配合,也许正是"松绑放权"事件得以影响全国的缺一不可的三要素。

1984年3月30日,《人民日报》全文转载了这封信,并加了按语:"福建省55位厂长经理给省委领导同志写信,要求'松绑',提出了体制改革的一个重要问题。长期以来,我们的企业管理落后,效益不高,原因之一就是企业没有权,厂长经理没有权……这种状况的确到了非解决不可的时候了!"

紧接着,《经济日报》《工人日报》等报刊都在显要位置上转载报道,广播电视也多次播放呼吁信的内容。"松绑放权"成了当时企业改革的热门话题,也成了推动国企改革的一个标志性事件。

"松绑放权"事件吹响了国企改革的冲锋号,许多省市的厂长、经理也纷纷要求明确企业生产经营的责、权、利,有的还组团到福建考察学习。"松绑"呼吁也引起国家有关部门和领导的高度重视,4月15日,55位厂长、经理代表受邀到国家体改委、中央党校、红旗杂志社等汇报座谈,得到领导的充分肯定。

"松绑放权"后,企业经营取得突飞猛进的发展。当时也是55名厂长、经理之一的翁亨进回忆说,呼吁信产生的影响太令人振奋,有了省里"松绑放权"的"上方宝剑"后,他所在的邵武丝绸厂首先打破了干部的铁交椅,对工人实行计件工资,职工多劳多得,企业效益大增,从1984年开始到1988年,邵武丝绸厂的效益每年增长速度都在2位数以上。据统计,"松绑放权"后的5年,全省工业总产值年均增长速度比"松绑放权"前5年翻了一番多。

三、改革与重组中的国有企业闽商

1987年6月,福建全省国营工业企业承包经营责任制全面推行。到1987年底,全省预算内国营工业企业已有1250家实行了各种形式的承包经营责任制。闽东电机(集团)股份有限公司是在原闽东电机厂(创建于1958年)等企业基础上组建的,具有50多年电机制造历史,集科研、生产、销售、服务于一体,面向国内外两个市场,具有综合经营功能的企业集团,1993 年经改组成为规范化股份制上市公司。

1994 年,福建省 300 家国有工业、商业企业作为全省转机建制试点企业落实企业自主权,完成清产核资,逐步推行公司制。至 1997 年,福建已有规范化有限责任公司 2200 多家,其中股份有限公司 96 家。从 2000 年底福建省全面实现国企三年脱困目标以来,福建已先后减少了 271 家传统竞争性国有工业企业,使近百亿元的国有资本转而投入新兴产业中。与此同时,汽车、电子等一批新兴主导产业得到了长足发展。据统计,到 2001 年底,福建全省国有及国有控股企业完成工业总产值 873.94 亿元,实现销售收入 852.9 亿元,分别比上年增长了 6.5％和 3.2％。

2002 年福建出台了《关于建立和完善劣势企业退出机制的指导意见》,使国有企业退出的审批程序、资产处置和职工安置都做到有法可依。与此同时,全省各地各级政府逐步建立和补充国企改制与破产准备金,专项用于处理企业破产、改制和职工安置问题。另外,企业退出成本支付首先要由企业资产变现解决,企业土地资产的出让收益和出让金要首先用于职工安置。各国有资产授权经营公司可设立劣质企业退出基金,以此统筹使用国有资产产权的转让收入,统一支付其企业职工的安置费用。为使国有资产能得到更进一步的优化,建立退出机制已势在必行。时任福建省省长习近平指出:现在有的地方对淘汰落后生产能力不感兴趣,甚至搞地方保护主义,这是一种短视行为。保护落后就是压制先进,淘汰落后就是为发展生产力扫除障碍。为此,福建省决定加快构筑"三条退出通道"——企业退出通道、资本退出通道和人员退出通道,以此实现"四个转变",即:在退出对象上,从单纯的劣势企业退出转为优化资源配置,激活经济因素,形成新的经济增长点;在退出内容上,从单一的企业退出转为企业、资本、人员的退出;在退出策略上,从被动退出转为主动退出;在退出效果上,从机制转换变为体制创新,实现经济更快发展。

伴随市场化改革的深入,福建在积极推行公有制经济等多种有效实现形式的同时,大力发展非公有制经济,所有制结构调整取得新进展,在公有制经济控制力和经济效益不断增强的同时,非公有制经济迅猛发展,成为拉动全省经济快速增长的重要力量,多种所有制经济共同发展的格局逐步形成。福建全省各地充分发挥公有制经济的主体作用,通过资产重组,优化资本结构,调整国有经济的战略布局。积极推动国有资产存量从传统竞争性产业向新兴产业转移,按照"有进有退、有所为有所不为"的方针,从深化企业产权制度改革入手,着眼于提高国有经济竞争力和控制力,加速推进国有经济战略性改革,取得明显成效。通过改组改制、兼并重组、破产拍卖等,减少了国有企业数量,2007年全省国有企业 243 家,比 2000 年减少 541 家,下降 69.0%,但企业效益得到大幅度提高,2007 年国有企业资金利税率和流动资金周转次数分别为 18.8% 和 3.54 次,比

2000 年分别提高 7.7 个百分点和 1.86 次,并在调整产业结构、股权结构、资本负债结构、人员结构、组织结构等方面取得积极进展。第一,通过资产重组与结构调整,国有经济在竞争性领域的比重逐步降低,更多的资产逐步转移、渗透到公益性、基础性、技术性领域。第二,通过扶优扶强,国有大企业力量得到加强。2007 年国有控股大型企业 18 家,拥有资产 1089.37 亿元,实现工业总产值 794.62 亿元,实现销售收入 819.90 亿元,国有控股大型企业拥有资产、实现工业总产值、销售收入占全部国有控股企业的比重分别为 41.3%、42.7%、43.8%。第三,企业股权从单一走向多元,国有资本的控制力增强,企业活力倍增。不少企业通过减持国有股,吸收民间资金入股等提高国有股的控制力,增加国有经济活力。第四,资产负债率逐步下降。通过债转股、转增国家资本金、增资减债、债权转股权等形式降低资产负债率,2007 年国有企业资产负债率为 58.8%,比 2000 年下降 6.1 个百分点。第五,企业经营管理者素质不断提高,企业人员结构趋于合理。打破"铁工资、铁饭碗、铁交椅"的传统用人方式,转变国有职工身份,精减富余人员,建立管理人员竞聘上岗机制是近年企业内部制度改革的重要成果。同时,在具有自然垄断性的基础产业部门和关系国民经济命脉的重要部门和关键领域,国有经济仍具有绝对优势和较强的控制力。

2008 年,福建省国有企业改革取得重大进展。一是省属国有企业结构调整和战略性重组取得突破,制定了《部分省属企业整合重组方案》，拟组建投资集团、能源集团、交通集团、外贸集团和华侨实业集团五大集团，整合后所出资企业将由原来的 31 家调整为 17 家。二是所出资企业权属企业改革改制继续深化，已有 66 家权属企业按计划完成改革。三是积极推进企业改制上市，福晶科技实现上市，福建高速公路、福建交通控股发行企业债券工作取得积极进展。四是国有资产监管体制更加完善。抓好国有资产监管制度建设，出台了所出资企业内部控制管理、章程管理、重大决策失误责任追究等办法。实施国有资本收益管理制度，完善企业内部财务预算决算制度。

2010 年，福建省属国企生产经营快速增长，各项指标显著提升。福建省政府国资委所出资企业资产总额 3258.79 亿元，比 2009 年增长 25.4％，增速比 2009 年高 8.3 个百分点，16 家所出资企业实现主营业务收入 1104.13 亿元，增长 27.90％，8 家主业为工业的企业完成工业产值 707.34 亿元，增长 33.95％，比全省工业产值增速高 7.35 个百分点。16 家所出资企业实现利润总额 68.78 亿元，增长 90.60％；已交税费总额 63.10 亿元，增长 15.1％。"十一五"期间所出资企业累计已实现利润 254 亿元，上缴税款 264 亿元。采取的主要措施为：

一是加大投入和发展步伐。全年完成投资 734 亿元，增长 52.1％，从 2009 年开始，连续两年投资增长超过 50％，发展后劲进一步增强，多个重点项目开工建设并投产，形成了一批新的经济增长点。

二是加强与央企的战略合作。省属企业与中石化、鞍钢、中铝、中海油等合作在建项目有合成橡胶、鞍钢莆田冷轧钢板、中铝瑞闽高精板带、LNG站线、莆田燃气电厂、宁德核电、福清核电等7项,总投资达2300多亿元,2010年完成投资171.54亿元,其中中铝瑞闽高精板带和莆田燃气电厂两项已建成投产。2010年,还承办了"福建省与中央企业项目合作洽谈会",洽谈合作项目123项,总投资8464亿元,会内会外合计签约56项,总投资4996亿元,其中省属企业与央企新签合作项目有9项,总投资2255亿元。

三是提升企业管理水平。加强集团管控,企业通过资金集中管理,极大地节约了资金成本;所出资企业全面推进生产经营管理咨询诊断,实施企业管理登高计划,通过开展此项工作,降本增效达7亿多元。

四是引导企业提高核心竞争力。省国资委在业绩考核中,将企业的研发投入视同利润考核,把企业科技创新作为业绩考核的重要指标,并与企业领导人薪酬直接挂钩,大力引导省属企业提升自主创新能力,加快经济结构调整和发展方式转变。在2010年度省科学技术奖和2010年度省专利奖中,省属企业有5项科研成果获得科技进步奖,2项发明专利分获省专利二等奖和三等奖。

五是深化企业改革。所出资企业出31户整合重组为16户,盘活了存量资产50多亿元用于重点项目建设,优化了资源配置,提高了企业规模实力,增强了竞争力。省属企业通过全面推行劳动合同制管理,身份置换、体制改革基本到位。

六是积极履行社会责任。9家列入"全国千家企业节能行动计划"的省属企业全面完成或超额完成年度节能目标，12家重点工业企业提前完成脱硫、脱硝减排技改项目；省属企业共吸纳社会就业人数14万人，为维护社会稳定做出贡献。

七是抗洪抢险成效显著。组织开展"国企同心抗灾，携手支援南纺"活动，带领省属企业共调集近百台大型机械设备，组织了近600人的抢险突击队，帮助遭受洪灾的福建南纺在五天内完成清淤20多万立方米，使企业迅速恢复生产。在受灾以及生产原材料价格大幅上涨情况下，福建南纺2010年全年仍实现工业总产值11.71亿元，增长10.45％，实现利润总额2795万元，增长24.28％。

四、国有闽商企业的发展特点

20世纪90年代伊始，福建全省商业工作认真贯彻中共中央、国务院各项方针政策和省委、省政府的工作部署，从本省实际出发，围绕"建设大市场，发展大贸易，搞活大流通"的主题，努力加快流通体制改革，扩大商业对外开放，搞活国有流通企业，加强市场建设，强化市场管理，逐步建立起适应经济和社会发展、高效、灵活、畅通的商品流通体系，有力地促进了工农业生产的发展，繁荣了城乡市场，为福建经济的持续增长和社会的进步、稳定，发挥了重要作用。

1990—1995 年,全省社会消费品零售额累计达 1310.77
亿元,年递增 26.4%。1995 年,全省社会消费品零售额达
670.37 亿元,比上年同期增长 27.9%,比 1990 年增长 3.27
倍。国有商业在竞争中求生存、求发展,大力转变经营观
念,努力调整经营策略、购销渠道和经营方式,以市场为导
向,坚持一业为主,多元化经营,积极开拓新品种、新市场、
新项目和新领域,广泛发展总经销、总代理,进一步加强工
商、农商等联合,开拓经营,扩大购销。1990—1995 年,贸
易厅系统国有商业商品销售总额达 562.59 亿元,年递增
9.75%。国有商业累计收购地方工业产品 181.55 亿元,收
购农副产品 45.75 亿元,组织进口商品 19.02 亿元,出口商
品 24.83 亿元,还从省外调进大量的名优工业品和生猪等
农副产品,既繁荣了城乡市场,又扩大了购销规模。在扩大
经营的同时,商业部门还坚持以效益为中心,不断强化企业
管理,努力提高经济效益。1990—1995 年,全省国有商业
共实现利润 31226 万元,上缴税利达 10 亿元以上,为增加
财政收入做出了贡献。

(一)商业改革日益深化

为了推进企业改革,1990 年以来,国家和省制定一系
列政策、法规和文件。党的十四届三中全会通过《中共中央
关于建立社会主义市场经济体制若干问题的决定》,国务院
发布《全民所有制工业企业转换经营机制条例》,商业部、国

家体改委等发布《全民所有制商业企业转换经营机制实施办法》，省政府也出台了《关于深化改革，进一步搞活商品流通的决定》。全省商业部门围绕贯彻这些政策、法规和文件精神，进一步解放思想，加大改革力度，大力转换企业经营机制，增强企业活力。

1.完善承包租赁改革

商业企业第一轮承包租赁大部分在1989年和1990年到期。到1989年底，承包到期的大中型商业企业166家，占承包企业数的32％；小型企业租赁到期的1122家，占租赁小企业总数的54％。从1990年起，全省商业系统在完善第一轮承包、租赁工作的基础上进行了第二轮承包、租赁。第二轮承包、租赁在继续扩大企业自主权的同时，重点抓了企业内部管理工作。各地按照有关规定，对承包租赁企业进行全面检查、评定，完善承包、租赁考核内容和体系，加强内部审计、检查、监督，部分企业实行了风险抵押。同时，加强了企业管理基础工作，普遍建立了经理负责制、职代会制度、目标管理制度、岗位责任制等。到1990年末，第二轮承包面达70％。1992年以来，各地进一步完善承包经营责任制，普遍在大中型企业推行"招标承包、风险抵押、库存自理、超利分成或全奖全赔"改革，将承包指标层层分解，进一步完善经营责任制和各项规章制度，强化约束机制，加强资金、费用、商品管理，并精减人员，降低费用，提高了企业效益。

2.全面推行经营、价格、用工、分配"四放开"改革

早在 1988 年,厦门等地国有商业部门就在经营、用工、分配放开等方面进行积极探索,扩大企业经营自主权,收到较好成效。1991 年,根据国家体改委、商业部重庆会议精神,在全省范围内开展"四放开"改革试点,通过进一步落实和完善企业经营承包责任制,按市场经济的要求赋予企业更充分的经营、作价、用工和分配自主权,从而使企业真正成为自主经营、自负盈亏、自我约束、自我发展的独立法人实体。各地对"四放开"改革十分重视,普遍成立专门领导小组和办事机构,由政府主要领导任组长,实行领导挂点目标责任制,并抽调有关部门的领导和工作人员深入企业调查研究,帮助企业制定实施方案,协调有关政策,有力地推动"四放开"改革的进展。到 1992 年底,全省商业系统全部推行了"四放开"改革。通过这项改革,企业活力得到增强,经营上,除专营、专卖商品外,打破了行业、部门、区域界限,市场需要什么就经营什么,经营向全方位开拓;价格上,除少数国家、省管商品外,全部放开,由企业自主灵活作价;用工上,普遍引入竞争机制,推行全员劳动合同制、干部聘任制、职工内部待业制,企业内部优化劳动组合,双向选择上岗,打破了干部和职工、固定工和合同工的界限,初步形成"能者上、平者让、优者胜、劣者汰"的可喜局面;分配上,普遍推行联销联利计酬、提成工资、计件工资、结构工资、岗位技能工资、工资费用包干等形式,把个人收入同企业效益、职工贡献大小挂钩,拉开分配档次,多劳多得。改革后企业

规模扩大,效益提高。

3.推行"国有民营"改革

根据所有权与经营权分离的原则,各地在"四放开""特店特柜"的基础上,在中小型企业积极推行以"资产国有、设备租赁、自筹资金、自负盈亏、集体或职工个人经营"为主要内容的"国有民营"改革,使大量中小型企业对长期难以根本解决的经营活力、人员负担、历史包袱等一系列困难和问题,找到一条解决的路子。到1993年底,全省商业系统小型企业"国有民营"改革推行面达80%以上。"国有民营"改革使国有资产的保值增值得到了保证,使企业的经营自主权得到更有效落实,调动了企业经营者和职工的积极性,企业效益也不断提高。如莆田市推行"国有民营"改革的企业,税收比改革前增长20%,集体留利增长20%,个人收入增长30%。

4.积极发展股份制企业,走股份制道路是实现大中型企业向现代企业转变的一个方向

1987年,内贸系统首先在福州东街口百货大楼进行股份制改革试点工作,经过几年的摸索、酝酿、筹建和完善,建立规范化的股份有限公司,社会公众股于1993年11月22日在沪上市,该公司成为福建省首家股票在沪上市的商业公司。该企业经营领域涉及百货、房地产、制衣、餐饮等各种行业。截至1998年,全省商贸系统经批准成立的股份制企业有厦门市第一百货商业股份有限公司、南平百货股份

有限公司、泉州华联实业(集团)股份有限公司、福州市工业品贸易股份有限公司、福州市饮食集团股份有限公司等一批规范化的股份有限公司。此外,部分企业实行内部股份合作制。

5.积极组建企业集团或总公司

为适应市场变化需要,各地积极调整企业组织结构,组建一批以骨干企业或龙头产品为核心的企业集团。商业系统最早组建的企业集团,是 1987 年省副食品公司牵头,以食糖当家,联合工厂和产地等组成的南方(福建)食糖购销联合集团。除此之外,全省商业企业集团还有行政转轨的厦门商业集团总公司,饮食服务行业的福州饮食集团公司、福州颐丰集团公司,食品行业的三明食品集团公司、南平启达食品集团公司,以工业品为核心的泉州华联实业(集团)公司、龙岩商业发展集团总公司等 11 家。各地商业行政部门还牵头组建一批商业总公司。厦门商业集团组建以后,取得较好的规模效益,1995 年销售额达 30.59 亿元,列全省同行业榜首,实现利润 4359 万元,利税总额达 8223 万元。

6.发展商业连锁经营

福建省连锁商业开始于 1988 年的福州饮食公司所属的上海西餐厅设立台江分店。到 1995 年底,全省已开办 14 个商业连锁公司,下设 58 家分店。厦门一百连锁店已发展到 14 家,福州东街口百货大楼在福州设立 24 小时商店之后,又在泉州、莆田开辟了连锁店。福州上海西餐厅已发展连锁店 11 家。这些连锁店在店名、店貌、服务等方面实行标准化，在采购、送货、销售、经营决策方面实行各负其责的专业化，在商品购销、信息收集、广告宣传、员工培训、管理规范等方面实行统一化，因而都取得显著的社会和经济效益，不仅扩大企业自身经营规模和对外影响，而且还救活一批小网点。

7.实行批零一体化

全省批发企业大力开拓零售领域，扩大零售经营规模，走批零结合的路子。到 1992 年底，全省商业系统有 80％以上的批发企业实行批零合一，取得很好的经济效益。

（二）商品市场体系逐步完善

各级流通部门紧紧抓住对第三产业实行鼓励政策的有利时机，多渠道筹集资金，建设和改造一批批发市场经营网点和物流设施，努力建设城市贸易中心，扩大福建对国内外市场的辐射能力。"八五"期间，省商业厅共安排商业基建投资计划 52945 万元，施工面积 51.83 万平方米，实际完成投资 40499 万元，竣工面积 26.06 万平方米。一是抓好消费品批发市场建设。蔬菜批发市场建设走在前头，全省建成投产蔬菜批发市场 11 个，正在扩建、续建的 10 个，已基本实现每个城市有 1～2 个蔬菜批发市场。肉类批发市场已建成投产 2 个，拟筹建 10 个。省工业品批发交易中心已封顶。二是加快大型商业网点建设。审定 1 万平方米以上的大型商业网点建设 18 个,已有 7 个建成投产,1 个封顶。1995 年新增网点 52 个,建筑面积 9 万平方米。其中,龙岩商贸大厦被列入省委、省政府 1995 年为民办实事项目。该大厦总投资 2000 多万元,建筑面积 2.33 万平方米,是闽西地区档次最高、规模最大的商贸大厦,至 1995 年底主楼已全部完工,5000 平方米商场已开业。三是加强市场法治建设。省商业厅向省法制局上报了十多项立法计划,《福建省财产拍卖条例》和《福建省牲畜屠宰管理条例》经省人大常委会审议通过,颁布执行。四是加强市场管理。1995 年,重点加强了生猪定点屠宰管理、化学危险物品经营管理、特种劳保用品经营管理、拍卖市场管理、港口外供商品管理、饮服市场管理、食糖市场整顿工作,规范市场秩序。生猪定点屠宰推广面已达到全省县市的 2/3,走在全国前列。至 1995 年底,化学危险品经营累计发证 4342 份,1995 年换证 1569 份,发证 822 份。在拍卖市场管理方面,专门下达了文件,已有 11 个市县政府指定了拍卖市场管理部门,17 家拍卖企业上报,4 家拍卖企业取得内贸部颁发的资格证。省商业厅还积极配合全国打假工作,在全省商业系统开展争创以“货真价实无假冒,质优量足信得过”为标准的“放心店”活动。活动开展以来,得到企业和消费者热烈响应。已有福州市购物中心等 134 家企业被命名为商业系统“放心店”。1995 年末,根据中央宣传部、内贸部开展“百城万店无假货”活动的部署,把“放心店”工作推上一个新的高潮。

（三）商业对外开放不断扩大

福建全省商业系统充分利用福建地利、人和及商业部门自身的优势，加快商业对外开放步伐，大力开创对外贸易和经济技术合作的新局面，取得显著成绩。

1.利用外资进展迅速

福建省商业系统首家中外合资企业是 1979 年 11 月 15 日成立的福州艺光摄影室。改革开放之后，利用外资工作迅速发展。据不完全统计，到 1995 年底，全省商业系统共兴办"三资"企业 129 家，吸引外资 8000 万美元。其中，1992 年至 1995 年三年内就新办"三资"企业 91 家。合资合作项目从原来的商办工业逐步发展到饮服业、房地产业、生产企业和商业零售业。具体合资合作已经涉及商业、酒店、餐饮、娱乐、美容美发、房地产、旅游、摄影彩扩、服装、针织、鞋、雨伞、塑料制品、蔬菜、花卉、汽车配件、广告、金银首饰加工、粮油加工等行业。合资合作企业产品出口逐年增加，绝大多数企业都取得较好的经济效益。根据形势发展需要，各地还积极兴办外商投资商业零售业，并注意利用外资改建、扩建、改造、装修商业网点，提高国有商业网点设施的档次和现代化水平。如福州市利用外资改造网点项目 10 个，有的已经奠基动工，改造完成后可返还营业面积 7.4 万平方米。

2.商品进出口贸易稳步发展

全省商业系统把发展商品进出口贸易并参与国际市场竞争作为一项重要工作来抓。据不完全统计,1994 年当年,省商业总公司、福州东百公司、泉州华联集团,经外经贸部批准,获得了商品进出口经营权。全省商业系统已有进出口权的企业 16 家。省华友公司、省台胞购物公司、福州外轮供应公司、福州对外供应公司以及泉州外轮供应公司等争取到小额进出口权。沿海一些地方商业部门采取挂靠当地外贸公司、成立联营体的办法,积极开展进出口贸易,取得比较好的效果。1995 年,全省商业系统供应出口商品 6.18 亿元,接收进口商品 4.53 亿元,自营进出口比重达 95%以上,出口创汇 7500 多万美元。出口商品从过去主要是农副产品和商办工业产品,如生猪、肉制品、清水笋等,发展到电子、家电、玩具、工艺品、运动鞋、成衣、雨具、五矿、化工、建筑材料等,初步形成了以自营为主、大小额进出口贸易等并举的进出口贸易新格局。

3.积极开展对台贸易、劳务出口和其他涉外业务

全省商业部门充分利用闽台一水之隔、两岸同胞海上往来频繁等优势,积极开展对台贸易。1981 年,省政府批准成立省新兴贸易公司,作为福建省对台贸易的企业机构,此后十年间,共接待台湾商船上千艘,5000 多人次,对台贸易额达 5100 多万美元。对外劳务合作不断拓展,商业系统充分利用福建省劳务资源丰富、海外华侨众多等优势与中

商外经总公司和省有关劳务部门合作，积极组织对日本、新加坡及苏东地区劳务输出，取得较好的社会效益和经济效益。对华侨、台胞等供应工作也取得成绩，1990 年到 1993 年，全省华侨友谊供应系统侨汇商品供应额达 5.82 亿元，回笼侨汇券 13998 万份，友谊商店收入外汇券 2.81 亿元。

（四）"菜篮子"工程建设成效显著

1990 年之后，各级政府和有关部门更加重视城市"菜篮子"工程建设，继续按照省委、省政府 1987 年提出的"立足自己、争取外援、发展生产、受益群众"的副食品基地建设方针，从物资、资金及有关政策方面给予扶持。从 1993 年起，省委、省政府进一步加强城市"菜篮子"工程建设，实行市长负责制，落实有关扶持政策，促进"菜篮子"工程建设进一步发展。特别是 1995 年初，省政府召开全省"菜篮子"工作会议，出台《福建省人民政府关于加强"菜篮子"工作的决定》，进一步落实了市长负责制，把"菜篮子"控价目标纳入各级政府全年工作目标；要求按照城市实际吃菜人口人均有三厘菜地和日均吃菜 300 克的标准建立蔬菜基地和菜地保护区；决定发展一批新的畜、禽、蛋基地；要求财政增加"菜篮子"工程建设资金投入，银行对"菜篮子"工程资金给予优先安排，同时，要求落实好副产品价格调节基金制度，加强新菜地开发基金征收，积极推行副产品基地生产保险制度；对副产品产销工作实行优惠政策，要求加强国合商业网点的开发和管理,敞开城门、山门、国道,鼓励农产品流通,并在税收、费用、物资等方面进行扶持,充分发挥国有商业主渠道作用,同时决定建立重要产品供应制度。这些政策的出台和实施,促进了"菜篮子"工程建设的健康发展,使副食品生产逐步由分散的小生产方式向商品化生产和规模经营的方式转变,由生产单一型向综合、主体开发型和多功能转变,生产结构、区域布局日趋合理,副食品基地生产能力和管理水平大大提高,调控市场的手段得到加强。1990—1995年,省级财政每年投入基地生产扶持资金3000万～4000万元,22个城市财政预算内拨款投入每年5000万～1亿元,全省副食品价格调节基金征收5330万元,已投入4000万元左右。到1995年底,全省22个城市商品猪基地达408个,其中:年出栏5000～10000头的有62个,年出栏万头以上的有38个;年饲养生猪130万头,出栏90万头。蛋禽基地场年存栏5000～10000只的有62个,存栏万只以上的有73个,生产蛋品3.38万吨。连片蔬菜基地500～1000亩的有52片,千亩以上的有73片,菜地面积达16.5万亩,其中蔬菜大棚栽培4177亩,高山反季节蔬菜达2.2万亩,年产蔬菜50多万吨。省已建立冻肉储备2000吨,食糖储备3000吨,厦门等地也建立了相应的肉糖储备。据统计,1990—1995年国有商业平常肉蛋菜经营比重分别占50%、50%和30%左右,节日、淡季、灾期经营比重一般达60%以上,为稳定市场和价格发挥了重要作用,使副食品市场价格在通胀压力大的情况下保持了相对稳定。特别是 1995 年,由于狠抓城市"菜篮子"工作,食品类价格指数从 2 月份的 143.3 下降到 12 月份的 106.3,为实现全年控价目标做出贡献。

(五)国有饮服企业面貌发生明显变化

1995 年,全省商业饮服企业实现营业收入 3.99 亿元,利润 1982 万元,分别比 1989 年增长 54.3% 和 40.8%。各地为提高企业竞争能力,多方筹措资金对网点进行改造,加快了国有饮服企业网点建设和更新改造步伐。全省饮服系统投入网点建设的资金达 2 亿元以上,其中,用于新建网点建设资金 1.5 亿元,用于老企业更新改造的资金近 6000 万元,新建大小网点 20 多个,建筑面积达 6.2 万平方米左右。其中建筑面积在 8000 平方米以上的大型网点有 5 个;更新改造老企业 50 个以上,改造面积达 3 万平方米左右。厦门市饮服公司集中资金 450 万元,分期分批对湖滨饭店、新南轩酒家、好清香酒楼等一批老企业进行更新改造;福州市饮服公司投资 160 万元对澡堂业的温泉大楼进行脱胎换骨的装修改造,推出桑拿浴、泡泡浴、芳香浴,还有高级个人池雅座,填补全省国有系列浴种的空白,很受浴客欢迎;南平饮服公司投资 230 万元新建了营业面积 940 平方米的人民大酒楼,并装修、改造南平大酒家,使大酒家营业面积由原来300 多平方米增加到 500 多平方米,且提高了档次。有些新建网点属当地一流水平,在行业中享有很高的知名度,如龙岩市饮服公司新落成的 19 层高的商贸大厦是当时龙岩地区规模最大、档次最高、设施最完善、设计最新颖、功能最齐全的大型综合楼,福州市聚春园三星级大酒店的落成使百年老店焕发新的生机,福安市富春大酒家在该市也首屈一指。此外,其他一些市县都不同程度地对网点进行更新改造。

　　福建全省各地努力拓宽新的服务市场,逐步向一业为主、多种经营的方向过渡。一是发挥企业优势,立足开拓经营,增强市场竞争能力。厦门新南轩酒家凭借地段、技术优势,坚持"抓主营、带副营、扬特色、创新路"的经营思想,根据市场消费结构和需求取向的变化,积极开拓新的经营领域,派出厨师、服务员到福州、广州学习早茶的制作技艺和服务规范,推出具有厦门风味特色的早茶新业务,填补该市饮食行业早茶供应的空白。福州饮食公司早茶业务从 1 家增加到 7 家,并延长时间,扩大到午、晚茶。二是发展外引内联,加强经济协作,开拓新的市场。福州上海西餐厅在抓好福州本部工作的基础上,与三明、南平、连江等地联营办起了西餐厅。三是走出去引进来。武夷山饮服公司改变经营方法,走出店门,"找米下锅",先后与上海等地的各旅行社和有关单位建立长久的业务关系,并把业务范围延伸到南京、无锡、苏州、杭州、厦门、福州、北京等地,年均接待旅游人数达 4 万人次,床位周转率达 70%。四是开展一业为主、多种经营的经营方式。建瓯县饮服公司在开展主营业务的同时,积极开展附营业务,公司成立贸易信托部,下设

3 个零售网点经营家用电器。由于经营有方,业务量直线上升,年营业额由最初的 10 多万元上升到 500 万元。

(六)商办工业得到巩固发展

到 1995 年末,福建省商业厅系统商办工业共有企业 179 个,其中独立核算企业 130 个,在职职工人数 1 万人,年末固定资产原值 2.9 亿元。1990—1995 年,全省商办工业共完成工业总产值(1990 年不变价,以下同)35 亿元,实现销售收入 32 亿元,实现利润 2355 万元,利税总额 14839 万元。1995 年实现工业总产值 5.45 亿元,利税 2942 万元,分别比 1989 年增长 30.5%和 44.5%。商办工业的巩固、发展为发展经济、安排好市场供应、方便人民生活起到积极的作用。

1.加强质量管理,提高产品质量

重点是建立健全质量保证体系,把质量管理的重点由事后把关转到全员参加、全过程控制的全面质量管理上来。在全行业质量管理活动中,有 24 项产品获部优质产品奖,28 项获省优质产品奖,分别有 18 项和 20 项经过复查确认继续保持部和省优质产品称号。

2.抓好商办工业技术进步和新产品开发

技术进步重点是促进企业产品结构的调整,开发适销对路的新产品,提高投资效益和经济效益,并把技术改造工作纳入规范化、制度化轨道。1990—1995 年 6 年间共安排技术改造项目 94 项,技改资金投入达 6000 万元。在技术改造的同时,以调整产品结构、开展多种经营为中心,积极转换内部机制,面向市场研究开发适销对路、有竞争力的新产品。6 年共开发研制成功新产品 30 多个,一些新产品已成为企业的主导产品,取得明显效益。

3.努力发展外向型商办工业

一是积极利用外资,嫁接、改造商办工业,提高商办工业的技术水平和产品档次。6 年共设立合资企业 11 家。二是积极开拓产品出口渠道,出口商品由过去的传统食品扩大到现在的服装、鞋类、汽车配件等几十类工业产品。外向型经济的发展,使福建省商办工业出口创汇产品种类、数量增加,产品质量、档次明显提高,原料和初加工产品比重下降,深加工、精加工、高附加值产品比重上升。1990—1995 年,商办工业产品共出口 37769 万元,出口创汇达 4606 万美元。

第二节 改革开放后集体企业中的闽商

集体经济是公有制经济的重要组成部分。集体企业,是财产归群众集体所有,劳动群众共同劳动,实行按劳分配为主、适当分红为辅,提取一定公共积累的企业。20 世纪50 年代初国家倡导合作化运动,农村出现了互助组、合作社、供销社、信用社等集体经济组织,城市出现了街道工厂、服务社等集体企业。"一五"计划时期,集体经济得到初步发展。1957年福建省集体工业实现不变价工业总产值1.64亿元,占全部工业的19.1%。到50年代末,在经济的发展方式上出现了急于求成的"左"的倾向,加快割"资本主义尾巴",搞"大跃进",在农村提倡"一大二公""政社合一"的人民公社制度;在城市加快了对"私"改造步伐,集体企业职工退股,取消了个人所有,资产"归大堆",套用国营企业模式,变成了"二国营"企业,集体企业生产受到冲击,市场供应趋于紧张。国民经济调整时期,党和国家采取措施,发展手工业,集体企业的生产迅速恢复。"文革"期间,集体企业的发展再度出现停滞。这个阶段集体企业的发展在曲折中前进。新中国成立后,集体企业闽商走过了半个多世纪的不平凡征程,为增加福建地方财政收入、加快城镇化建设、促进地方经济发展做出了重要贡献。

一、改革开放后闽商集体企业的发展历程

党的十一届三中全会以后,随着全党工作重点转移到社会主义现代化建设上来,经济发展进入了新的时期。这一时期集体企业的发展可以分为两个分支。一是农村出现了以家庭联产承包经营为基础、统分结合的实行双层经营体制的集体合作经济组织,土地承包经营权转让、实行规模经营的产业化组织,以及各类农民专业合作社等。二是城

镇集体企业迅速发展。城镇出现了国有、集体小企业职工出资或以存量资产返回形式,确立职工个人股权,改制而成的股份合作制企业;由科技人员自筹资金,以科技成果转化所创建的民营科技股份合作企业;破产企业自救,由职工骨干出资组建的持股企业;由集体经济联合组织、社区及经营者创办的混合所有制企业;国有大中型企业实行主辅分离,由职工安置费、改变劳动关系职工经济补偿费和征地农民工补偿费兴办的集体企业;安置知青、富余人员而创办的职工持股公司;下岗职工创办的合作社;等等。

　　1980 年代以搞活企业为中心的城市经济体制改革逐步推进。1984 年福建省政府出台了《关于二轻集体所有制工业若干政策问题的规定》(闽政〔1984〕44 号),部分集体企业开始实行“五自”改革,即企业自己管、盈亏自己负、干部自己选、工人自己招、工资自己定,企业的自主权逐步扩大,集体企业取得了长足的发展,涌现了省家具公司、福州东顺鞋业有限公司等骨干企业和皮革、塑料、手工艺等主要产品。1991 年全省街道办的集体工业有 1489 家,实现工业总产值 11.42 亿元,比 1986 年增长 1.2 倍;城镇合作经营工业 4371 家,实现工业总产值 17.67 亿元,比 1986 年增长 5.6 倍。与此同时,乡镇企业也异军突起。农村改革的巨大成功,使许多农民从土地中解放出来,开始创办乡镇集体企业。1987 年乡镇企业总产值首次超过农业总产值,成为农村经济的重要支柱,乡镇企业在经济发展中的地位与作用日益显现。1991 年全省乡办工业有 5609 家,实现工业总产值 39.92 亿元,比 1986 年增长 1.7 倍;农村合作经营工业 2.05 万户,实现工业总产值 69.67 亿元,比 1986 年增长 2.4 倍。

1992 年 10 月,党的十四大明确了经济体制改革的目标是建立社会主义市场经济体制,我国企业改革发展进入一个新的时期。1992—1997 年,集体工业继续快速发展,1997 年全省乡级以上集体工业总产值达 316.47 亿元,占乡以上工业的比重为 15.2%。1997 年后,受亚洲金融危机的影响,加上我国经济由计划经济体制向市场经济体制转轨步伐的加快,部分集体企业规模小、体制不灵活、设备落后、技术水平低、负担重等问题也逐渐显现出来,集体工业的发展速度开始放缓。1997 年,党的十五大召开,党的十五大提出,要支持、鼓励和帮助城乡多种形式集体经济的发展,要发展"劳动者的劳动联合和劳动者的资本联合为主的集体经济",这为集体经济改革发展指明了方向。福建省的集体企业改革也在政策的指导下有条不紊地推开。2002 年,规模以上集体工业实现工业总产值 154.34 亿元,占规模以上工业总产值的 4.1%。

2002 年党的十六大明确提出全面建设小康社会的奋斗目标。党的十六届三中全会通过了《中共中央关于完善社会主义市场经济体制若干问题的决定》,提出"以明晰产权为重点深化集体企业改革,发展多种形式的集体经济","大力发展国有资本、集体资本和非公有资本等参股的混合所有制经济,实现投资主体多元化,使股份制成为公有制的主要实现形式"。在党的十五大、党的十六大、党的十七大精神鼓舞下,福建省集体企业改革逐步向纵深推进:以劳动者"两个联合"为主的新型集体经济日益发展;在坚持合作制原则的基础上,吸取了股份制集资做法,以兼容合作制与股份制为特点的股份合作制集体经济持续发展;单一投资主体、封闭型股权结构的集体经济越来越少。通过改革,集体企业机制更加灵活,运行质量明显提高。2007年全省规模以上股份合作制工业企业有1412家,比2002年增加1102家,实现工业总产值151.8亿元,比2002年增长2.2倍。[①]

二、闽商集体企业的分布

集体企业区域分布情况:截至2007年,福州、泉州、漳州企业数最多,分别为3397家、2934家、1691家,占全省的23.9％、20.6％和11.9％;南平、三明、龙岩次之,分别为1376家、1359家、1071家,占全省的9.7％、9.5％、7.5％;厦门、宁德、莆田相对较少,分别为976家、766家、664家,占全省的6.9％、5.4％和4.7％。[②]

从行业分布看,制造业集体企业单位数最多,全省有5454家,占38.3％;其次是批发和零售业2816家,占19.8％;电力、燃气及水的生产和供应业1292家,占9.1％;

---

① 数据来源于国家统计局福建调查总队的调查报告《福建:科学发展集体经济 继续推进企业转型》。

② 数据来源于国家统计局福建调查总队的调查报告《福建:科学发展集体经济 继续推进企业转型》。

建筑业 477 家,占 3.6%;采矿业 466 家,占 3.3%;农、林、牧、渔业 721 家,占 5.7%;交通运输、仓储和邮政业 422 家,占 3%。工业是集体企业的主导行业,工业集体企业 6212 家,占全部工业的 50.7%。在工业内部,集体企业单位数较集中的行业是电力生产业,有 1000 家,占全部集体法人企业单位数的 7%;非金属矿物制品业 968 家,占 6.8%;纺织服装、鞋、帽制造业 396 家,占 2.8%;木材加工及木、竹、藤、棕、草制品业 358 家,占 2.5%;印刷业和记录媒介的复制业 343 家,占 2.4%;塑料制品业 326 家,占 2.3%。

三、闽商集体工业企业的发展特点

(一)企业竞争力不强

1.规模普遍偏小

2007 年福建省规模以上集体工业企业有 744 家,其中,大型企业 1 家,中型企业 26 家,小型企业 717 家,占企业总数的 96.4%。2007 年全省规模以上集体工业企业户均工业总产值为 4379 亿元,比全省规模以上工业平均水平少 3868 亿元,仅相当于全省平均水平的 53.1%。

2.科技含量偏低

集体工业企业以劳动密集型企业居多,劳动生产率不高,2007 年全省集体工业全员劳动生产率为 96997 元/人,仅相当于全省平均水平的96.8％,相当于国有工业的38.5％。在制造业中,集体企业工业总产值最大的三个行业及其产值是:皮革、毛皮、羽毛(绒)及其制品业25.04亿元、非金属矿物制品业74.07亿元、造纸及纸制品业17.44亿元。这几个行业科技含量都不高。

3.部分企业经营不佳

2007年全省部分二轻、供销系统的传统企业经营不佳,有的停产半停产,有的靠厂房零星出租的收入维持。霞浦县二轻系统2007年有企业33家,正常运行4家,长期停产7家,其他22家企业已解体。如2007年福鼎二轻系统的8家停产集体企业资产现值有3750万元,但厂房设备等出租的租金收入仅有30.5万元,不足资产现值的1％。漳浦城关供销社成立于20世纪50年代初,属商业类集体所有制企业,鼎盛时期的职工总数达100多名,拥有购销站3个,门市网点(含村级代销店)40个,但由于体制、历史等客观原因,供销社经营日趋萎缩,举步维艰,多数职工离岗、下岗,自谋生路。因此,供销企业仅能以原有场地、门面出租为主要经济收入,至2007年,剩余的企业职工40名,其中在职职工8名。

(二)企业改制难点多

1.企业资产变现难

部分参与破产改制的企业由于建厂历史久,有的企业购买厂房地皮的地契、政府土地批文遗失，有的企业土地使用权、建筑物产权等原始资料不全或根本没有，导致转让难度大。根据国家统计局福建调查总队 2007 年的调查报告，福鼎水产公司有 32 块土地，其中有 19 个地块都有上述情况，占总数的 59%。该公司有个水产批发零售部的店面，位于桐山街道溪岗巷 21 号，房契因火灾被烧毁，叫当地的村委补个证明，但该村委要价 10 万元才愿意补个证明，可是该店面估价也才 10 万元。已倒闭的霞浦县电子仪器厂厂区已被列为县城改造规划或绿化用地，资产无法盘活，十多年间，职工无业可就，生活陷入困境。

2. 改制费用偏高

福鼎锁厂拍卖资产（价值 1300 万元后），要向国土部门缴纳占标的物价值 30% 的土地出让金 390 万元，向拍卖行支付 1% 的手续费 13 万元，还需缴纳营业税、土地增值税等。尽管政府返还了构成地方财政收入的部分土地出让金，但福鼎锁厂最后拿到手的仅有拍卖标的物价值的 68%。

3. 历史包袱解除难

新罗区二轻总公司反映区二轻联社历年来共为区二轻企业提供 264.7 万元债务担保，而被担保的企业多已解散，剩余的企业也早已停产，已无偿债能力，这些债务要二轻总公司负担，但二轻总公司也无还债能力。

4. 职工安置费用筹集难

部分集体企业处于困境，资产负债率高，有效资产少，可变现能力弱,很难筹集到足够的职工安置补偿金。泉州市属 45 家城镇集体企业中,有 7 家企业几乎无资产。龙岩市纸箱厂原为新罗区重点企业,但后因经营不佳,企业多年处于停产状态,截至 2008 年 5 月,企业亏损额已达 383.99 万元。虽然通过零配件和废旧钢材的拍卖等,企业外债已基本还清,仅靠每月 1.9 万元的厂房出租收入来维持职工的 2.5 万元社保、医保支出,但企业若要改制,则职工安置资金无处筹措。新罗区塑料厂欠工行本金 80 万元,欠利息 150 万元,再加上欠相关部门的资金,合计欠款达 300 多万元。该企业没有设备、土地等资产可以筹措到资金偿还外债,职工安置费问题无法得到解决。

(三)企业职工问题多

1.职工工资低

长期以来,集体企业职工工资一直低于全省职工工资平均水平。2007 年全省集体企业在岗职工平均工资 18578 元,比全省城镇企业平均水平少 2244 元,比国有企业低 10539 元,比股份有限公司低 10730 元,仅相当于全省城镇企业平均水平的 89%,国有企业的 63.8%,股份有限公司的 63.4%。

2.离岗职工困难多

从 20 世纪 90 年代中期开始,集体企业改革逐步深化,大批职工离岗失业。2007 年城厢区集体企业职工数为 256

人，其中在岗 32 人，下岗 224 人，下岗人数占职工总人数的87.5％。集体企业下岗失业人员生活普遍艰难。2007 年莆田市集体企业离岗职工人均生活费 2743 元，月均不足 229元。由于集体企业职工普遍素质较低、技能单一，离岗后重新就业机会少，社会就业压力非常大。2007 年城厢区集体企业职工中，40 岁以上的有 204 人，占全部集体企业职工数的 80％；具有大专及以上学历的仅 3 人，占全部集体企业职工数的 1.2％；具有初级以上技术职称的 2 人，占全部集体企业职工数的 1.2％。

第三节　改革开放后民营企业中的闽商

　　福建省地处海峡西岸，又是全国综合改革试验区之一，最早对外开放的沿海地区，地理位置独特，具有先行先试的基础和条件。自改革开放以来，福建民营企业从萌芽、发展到壮大，形成了一个个产业集群，如今已成为海峡西岸经济区的重要支撑。它不仅在福建，而且在全国都受到了强烈的关注。1998 年，福建省委、省政府发布《关于加快我省非公有制经济发展的若干意见》；1999 年，福建省政府发布《关于扶持小企业发展的若干意见的通知》；2001 年，福建省人大常委会发布《福建省个体工商户和私营企业权益保护条例》；2002 年，福建省政府出台《关于进一步促进和引导民间投资的若干意见》和《关于进一步推进中小企业发展的指导意见》;2005 年,福建省委、省政府出台《关于全面提升民营经济发展水平的若干意见》。据统计,至 2007 年底,全省民营企业户数已达 162247 家,注册资金 4101.56 亿元,从业人员 202.56 万人。民营经济为福建的持续发展注入了生机和活力,对福建经济发展起到了重要的支撑作用。①

一、福建民营企业的新生、成熟与壮大

海上丝路起点城市泉州,是福建民营企业的发祥地之一,从改革开放之初开始,泉州人便开始了经济体制的变革,敢拼爱赢的泉州人纷纷打破"禁锢"闯荡商海。泉州民营经济在 1978 年用挂户经营的方式开启了民营企业的萌芽之势。当时,晋江陈埭镇的 20 张集体企业牌照,被 190 多家联户集资企业挂户,完成了民营企业的最初奠基。

帮登鞋业有限公司董事长侯炳辉,是福建省首批股份制民营企业的创办者。1980 年,他和他的 7 个伙伴集资 10500 元在南安洪濑镇东街低矮的小平房里成立了洪濑鞋帽厂,开创了泉州乃至福建首家股份制民营企业,该企业经历了"技术短腿"等困扰后,选择了生产童鞋。1987 年,侯

---

① 《福建民营企业走过 30 年的辉煌》,http://www.66163.com/Fujian
  _w/news/bc/gb/20081215/dncj111040.html。

炳辉收购了所有的股份后，开始为打造品牌努力。1995年，帮登公司引进了第一条流水生产线，从而打破手工制鞋的历史；同年，其"闪光发声童鞋"贴上中国名牌产品的标签。进入2000年后，帮登鞋业的产品代名词里，出现了"闪电侠""蜘蛛侠""奥特曼"等卡通形象，帮登鞋业成为泉州业界率先"试水"创意经济的企业。企业营销覆盖了中国90％的地区乃至世界各地。

帮登是泉州民营企业的领路人之一，泉州则是中国民营经济的先行地区之一。在其鼓舞下，八闽大地民营企业如雨后春笋般崛起。

许多敢拼爱赢的年轻人学习泉州人纷纷"下海弄潮"，曾经闻名全国的武夷山农民企业家矮胡，在武夷山区建起了全省首家民营宾馆，他为此招来了风言风语，但历经艰难之后取得成功，为闽北山区创办民营旅游企业树起了典范。

福耀集团董事长曹德旺先生，祖籍侨乡福清市，原来在家乡福清市的一家水表玻璃企业当采购员，1984年4月他承包了这家连续亏损6年的厂子。1987年，他意识到当时主要还依赖进口的汽车玻璃产品具有广阔的市场，于是，他联合了11个股东集资627万元，成立了福耀玻璃有限公司。在后来的10年间，他不断引进技术，改变了高档车用玻璃依赖进口的局面，其产品除了在国内占有55％以上的市场份额，还从1990年起就开始出口，占据了北美市场约10％的份额。该公司同时也是东南亚市场最大的汽车玻璃供货商之一。现在，他已成了全球知名的企业家。

圣农集团董事长傅光明,是闽北山区在改革开放之初果敢地甩掉铁饭碗下商海冲浪的先行者之一。他从购买300个鸡蛋孵化小鸡开始发展养鸡事业,现在该企业成了中国南方最大的肉鸡供应企业和洋快餐麦当劳、肯德基鸡肉专供企业。

此外,福建省还有许许多多的民营企业诸如泉州"七匹狼""安踏""利郎""浔兴拉链""匹克",以及厦门书生集团、银鹭集团,福州的新大陆集团、福州瑞达电子有限公司等民营企业,也都是从小作坊开始发展壮大,如今令世界大企业都刮目相看。它们已成为福建经济发展中不可小觑的力量,撑起了福建省经济的半壁江山。

改革开放后,八闽大地的民营企业在经历了萌芽阶段后,逐渐成熟,并不断成长壮大。许多在茁壮成长中的民企,还积极参与了国企改革和资产重组,通过外部兼并等外延方式来扩张规模。它们以产权转移、资产重组或通过市场兼并、收购其他企业的方式扩大其企业规模;还有一部分是以股票债券方式向资本市场融资来达到规模扩张。如福建升汇集团,2003 年 5 月 12 日收购上市公司丹东化纤,仅用了 7 个月,使丹东化纤由 2002 年亏损 9885 万元面临退市风险一举咸鱼翻身,2003 年实现净利润 4973 万元;2004 年该集团又整体收购芜湖裕中集团,并在芜湖高新技术产业开发区投资兴建升汇纺织工业基地。同时将原裕中纺织股份有限公司整体搬迁,建设 3 个 5 万锭纺纱车间,增添设备 192 台套,逐步发展成为全国大型纺织工业基地。

据福建省工商局《有关福建私营企业情况分析报告》的一份数据显示,福建的民营企业在逐步长大后,开始向新兴产业进军,尤其是在民营经济相对更加发达的泉州市,随着改革开放的逐步深入,越来越多的传统民营企业,开始把目光瞄向新兴产业。

泉州市企业90%以上为民营经济,全市企业的主要科研力量也集中在民企。泉州市科技局对民营企业进军新材料、新能源、新产业的项目给予优先立项。政府在资金、政策、人才方面对新兴行业进行重点鼓励与倾斜,扶持了包括竹纤维、光电、光伏、太阳能在内的200多个项目,使其进一步做强做大。

福兴集团是晋江一家生产拉链的龙头企业,与厦门大学软件学院联手,组建创意产业联合研发中心,进军创意产业。该研发中心致力于顶尖级的工艺开发,帮助福兴集团与世界拉链业龙头的日本YKK展开技术竞争。

加入WTO之后,受劳动力成本上升、融资难、出口退税降低、企业外部竞争激烈等不利因素的影响,泉州的纺织、服装、鞋、石材等传统产业发展越来越受到限制,为此,许多企业也纷纷谋求技术和产业的双向突破,民营企业开始转型升级。

改革开放后,由于以电子通信、纺织服装、食品饮料为代表的部分行业地位不断提升,涌现出许多优秀的企业和产品,这部分行业中70%以上的企业是民营企业。截至2007年底,全省拥有1026项"福建名牌"产品称号,生产企业相对集中于经济较为发达的福州、厦门和泉州,有力地促进了福建省经济健康发展。

二、福建民营企业参与国际经济技术合作

改革开放之后,福建省实施"走出去"的发展战略,积极鼓励和支持有实力、有信誉的各种所有制企业采取多种方式参与国际经济技术合作,而民营企业也确立了在"走出去"队伍中无可替代的主体地位。截至 2008 年 5 月,福建省经审批核准的民营境外企业有 486 家,占企业总数的71.5%,累计实现对外直接投资达 4.9 亿美元,占投资总量的 60.7%。

福建民营企业在境外投资的领域由单一到多元,涉及贸易、生产加工、服务业等领域。截至 2008 年,全省已有314 家民营企业在香港等地设立境外贸易网点,占项目总数的 47.8%,近一半的境外民营企业从事上述类型的国际市场开拓业务。与此同时,在境外从事生产加工带动省内原材料和设备出口的境外加工贸易已成为福建民营企业海外投资的主流方式。与此同时,全省已有 150 多家民营企业在境外设立加工贸易公司,涉及纺织、服装、建材、运动鞋、食用菌等产品的生产加工,每年带动了大量的原材料、半成品等出口。

2001 年后,福建省民营企业境外投资区域已从以港澳地区为主转向遍及东南亚、拉美、非洲、欧洲等国家和地区。

一批民营企业分别在赞比亚、蒙古、帕劳、佛得角、巴哈马、肯尼亚、牙买加等新兴市场设立境外贸易企业或加工网点，开创了福建企业在上述国别投资兴业的先河，使福建企业境外投资涉足的国别从原来42个增加到48个，投资区域更趋多元化，密切了福建省与上述国家的国际经济技术合作关系。

改革开放后，福建民营企业境外资源开发从无到有，取得突破性进展。如：福耀玻璃工业集团收购了德国一家提供汽车零部件增值服务的公司，改名为福耀欧洲公司。被收购的德国公司主要为奥迪、大众、奔驰、保时捷等名车提供配套服务，这意味着福耀取得了登陆欧洲市场的通行证，完善了福耀集团在海外市场的配套体系。2006—2009年三年中，福耀玻璃工业集团稳扎稳打，成为在全球同行业排名第七的跨国公司。

福建紫金矿业集团遵循"收购矿山自主开发和通过资本市场进行并购"并举的发展途径，先后在中国香港、加拿大、俄罗斯、蒙古、缅甸、南非、秘鲁、塔吉克等国家和地区投资设立公司、收购项目或参股海外公司，初步形成业务覆盖周边国家、非洲、北美洲和南美洲及欧洲的经营格局，成为国内矿业企业控制海外资源较多的企业之一。该集团还分别在蒙古、加拿大和中国香港等国家和地区采取新设和收购相结合的方式，加大境外资源开发力度。

此外，福建民营企业还实现了境外原材料资源开发的新突破。如：福建省三山钢铁（集团）有限公司在印度尼西亚设立合资企业"三山(印度尼西亚)矿业有限公司",项目总投资 1000 万美元,注册资本 500 万美元,中外双方各占股份 50％。该境外企业年均可返销国内磁铁矿 200 万吨,弥补了境内生产企业的资源短缺。

三、福建民营企业的企业品牌战略

改革开放以来,福建民营企业从仿样加工到贴牌生产,再到创建自主品牌,一路走来,不仅民营企业的数量和产值持续增长,民营企业的品牌数量和品牌效应也逐年提升。福建民营产品品牌在政府各项政策的支持下,发展前景广阔,越来越有竞争力。[①]

根据《福建省 2007 年国民经济和社会发展统计公告》公布的数据:2007 年,福建省有 41 个产品获得"中国名牌"称号,累计达 100 个;有 66 个产品获得国家免检产品称号,累计达 267 个;中国名牌、国家免检产品总数均居全国第 5 位;新增国家地理标志保护产品 14 个,新增数居全国首位,累计达 23 个;有 428 个产品获得"福建名牌"称号,累计达 1026 个。在福建省 100 家获得"中国名牌"称号的企业中,国有企业和国有控股企业 13 家,民营企业达 87 家,民营成分高达 87％。特别是在民营经济发达的泉州、厦门、福州

---

① 陈钦兰、杨晓兰:《改革开放三十年来福建民营企业品牌发展研究》,2009 年中共福建省委宣传部主办的"我为海西献良策"征文。

三个沿海城市,获得"中国名牌"称号的数量高居全省总数79%,其中民营企业发达的泉州获得"中国名牌"称号数46个,占全省46%,彰显了民营企业品牌的蓬勃发展势头。

在自主出口品牌方面,2005—2006年度福建省18家企业的18个产品列入"商务部重点培育和发展的出口名牌",约占全国总数的1/10,位居全国第五位;4家企业入选商务部2006年度"最具市场竞争力品牌"。2007—2008年度,福建省又根据商务部关于推荐"中国出口名牌"的资格条件,经审核向商务部推荐71家企业76个品牌申报"中国出口名牌";并率先在全国建立省级出口名牌评价体系,2006—2007年度88家企业的品牌入选福建出口名牌。据统计,福建民营企业品牌占福建省省级出口名牌的比重高达70%。福建民营企业品牌不仅在数量上得到了蓬勃发展,而且带来了显著的品牌经济效益。以截至2006年的76项中国名牌产品计,2006年市场销售额742亿元,同比增长21%;出口交货值158亿元,同比增长25%;上缴税额60亿元,同比增长38%。

福建民营企业品牌的发展具有鲜明的福建地域特色和时代特色。其特点可总结为以下几点:

(一)创牌初期,以"明星+广告代言"形式推广品牌

自从安踏借用孔令辉的形象和央视的平台,推动品牌崛起后,"明星+广告代言"似乎成了企业品牌制胜市场的

"法宝"。福建民营企业在创牌初期,为了迅速打响品牌,均花巨资请明星代言。中国羽毛球队代言 361°,周杰伦代言德尔惠,徐静蕾携手盼盼等等。从体育明星到娱乐明星,从借助央视平台到借助地方卫视平台,到处是明星推广福建民营企业品牌的身影。

(二)部分民营企业开始走自主创新发展品牌之路

福建民营企业品牌在该阶段还大都处于层次较低的以扩大品牌知名度为主的品牌初创期,而与此同时已有部分民营企业开始迈向自主创新发展品牌之路。如七匹狼、安踏等部分进入品牌经营的更高级阶段的民营企业,已经开始将加工制造阶段外包,并且集中优势资源搞研发和营销,走自主创新之路。通过自主创新,福建民营企业开始从品牌的低端即"做产品"向上游的"订标准"迈进。一项数据表明,2007 年福建省获得"中国名牌"称号的 41 家企业中,有28 家是国家标准或行业标准的起草单位。

(三)大多数民营企业品牌都由产业集群伴生

截至 2006 年,福建省已初步形成的大小产业集群约60 个,晋江鞋业、石狮服装、德化工艺陶瓷、丰泽树脂礼品、泉州箱包、南安水暖器材、福安电机设备、漳州钟表家具等产业集群在全国拥有较高知名度,浔兴拉链、九牧王洋服、富贵鸟鞋业、匹克集团、中宇建材、闽东安波电机、盈丰食品等各集群的龙头品牌企业不断涌现。这些名牌企业大都来自产业集中度较高的行业，如纺织服装、旅游鞋、水暖器材和食品等行业。福建省的大多数民营企业品牌是在产业集群发展成熟，且地域品牌已经被广泛传播时，再借助地域品牌这个平台来创立自己的企业品牌。可见，产业集群的发展为民营企业品牌的创建提供了有利的基础，民营企业品牌作为产业集群品牌战略的一部分，与产业集群伴生。

（四）政府推动、政策支持是福建民营企业品牌发展的重要推动力

福建省自2000年启动品牌创建工程后，陆陆续续出台了很多措施推动和引导民营企业品牌的发展。每年政府工作报告都会把品牌工作作为一个重要部分写入。为了鼓励企业培育品牌，各级政府还出台了很多奖励措施。如2008年5月5日，福建省委、省政府联合发布了《关于实施品牌带动的若干意见》。其中明确规定，加大对品牌培育、发展和保护的财政扶持；推动金融机构优先支持品牌企业的信贷融资和出口信用保险，鼓励品牌企业投保产品质量保证保险、产品责任保险、国内信用保险；支持品牌企业组建营销联盟，协作拓展境内外市场，形成共赢格局。政府通过出台多项新政策支持和鼓励企业创品牌、谋发展。可见，福建省政府的各项鼓励企业培育、运作以及保护品牌的政策是福建民营企业品牌得以蓬勃发展的重要推动力。

四、福建民营企业的高度社会责任感

改革开放以来的发展轨迹表明,广大闽商在发展壮大之后,弘扬中华民族"扶危济困、乐善好施"的传统美德和崇高精神,表达了高度的社会责任感,并涌现出许多慈善家。据不完全统计,从 2002 年初至 2007 年的 5 年中,全省已有 2.6 万余名民营企业家累计为社会各项慈善事业捐款近 20 亿元。

为帮助解决贫困学生上学难问题,由福建省民营企业组建成立的福建省光彩事业促进会,从 2005 年起开展了"光彩助学"活动。截至 2010 年,全省民营企业家共捐资近 8 亿元,捐助大、中、小学学生约 30 万人次,修建各类学校 600 多所。

在历年中国大地所发生的洪灾、雪灾或地震等自然灾害中,处处涌现出闽商慷慨捐资的义举。在 2008 年 5 月 12 日四川汶川大地震发生后,全国各地闽商更是纷纷在第一时间伸出了援手,展现了闽商群体大海般的博大胸怀。

地震发生当天,中绿集团即在第一时间做出向灾区捐献总价值 120 万元物资的决定,并通过中绿物流配送中心,直接把赈灾的方便面、饮料、大米、蔬菜等送往灾区。同日,福建服装龙头企业的掌门人——七匹狼董事长周少雄,决定首批捐款 5000 万元,像他这样慷慨乐捐的闽商不胜枚举。得知地震消息时,全国人大代表、四川省福建商会副会长、福建达利集团的董事长许世辉正在往重庆去的飞机上。下飞机后，他当即找了辆车冒着危险赶往成都，决定以福建达利集团成都公司名义，向灾区捐助 500 万现金及价值 500 万元的食品。2008 年 5 月 13 日，正在香港参加恒安集团股东大会的该集团首席执行官许连捷，得悉灾情后连夜打电话回公司总部，要求以最快的速度向四川灾区捐款 500 万元，以解抗震救灾之急需。当强烈地震消息在神州大地传开后，福州阳光国际集团董事长兼总裁林腾蛟先生以个人的名义捐出了 1000 万元，中国教育基金会接受了这笔捐款，2008 年 8 月 31 日，52 名失去父母的灾区贫困学童进入由福州国际阳光集团创办的福州阳光学校，开始了充满阳光的学习生活。

与此同时，许多分布在全国各地的闽商纷纷伸出援手，不断向灾区人民送去食品和生活用品。许多闽商在自己的企业受到重大损失时，首先想到的不是如何拯救自己的企业，而是想到如何拯救灾民，为政府分忧。

五、民营闽商企业的发展特点

在经济全球化和区域一体化的背景下，海峡西岸经济区战略的实施，为闽商企业提供了新的发展机遇和挑战。海峡西岸经济区开创了新的市场条件和政策环境，但同时闽商企业的发展也面临着新的资源、环境和市场的多重约束，生产成本上升，国际市场拓展难度加大。因此，必须积极采取措施,推动闽商企业,特别是本土闽商企业的创新,培育企业核心竞争力,营造闽商持续发展的良好环境,完善闽商经营网络。当代闽商的兴起与亚太经济崛起和中国经济发展密切相关,闽商的地缘环境和人文历史影响着闽商的形成与发展。闽商兴起的同时,也催生了兼容性与开放性合一的闽商文化和开拓进取、自强不息、兼容并蓄的闽商精神,以商缘、亲缘、文缘、地缘和神缘结成的闽商网络都得到不断发展。

(一)以市场为导向,培育一批具有国际竞争优势的闽商企业

从国内闽商企业的发展状况看,企业总体规模较小,以传统产业为主,自主创新能力不足,家族型企业居多,缺乏一批具有国际竞争力的优势企业。据统计,至 2005 年底,福建省大型民营企业仅有 22 家,占全省大型企业数的36.7%,资产上亿元民营企业有 463 家,仅占全省规模以上民营工业企业数的 5.2%;产值在 1 亿元以上的企业有 692 家,仅占全省规模以上民营工业企业数的 7.7%。在 2007 年中国 500 强企业中,上榜的福建企业仅 13 家(其中有 3 家为外资企业),列全国第十位。在中国民营企业 500 强中,2005年上榜的福建企业仅 4 家,2006 年则没有福建企业上榜。

在海峡西岸经济区建设中,以市场为导向,推进企业的技术、制度和管理创新,引导闽商企业做专做优,进而做大

做强,重点扶持一批骨干企业成为具有自主创新能力,并且主业突出、核心竞争力强的大企业。在推动闽商企业做大做强的过程中,突出企业创新的主体作用,大力支持企业增强自主创新能力,应用高新技术和先进适用技术提升企业技术水平;企业并购重组实现低成本扩张和资本收益的有机结合,实现资本营运与企业核心能力的有机结合;健全公司治理结构,奠定企业持续发展的制度保障;加强企业内部风险管理,大型企业建立整体风险管理机制。同时,进一步加大福建省企业在境内外上市的步伐,制定相关遴选的标准和程序,选择那些真正具有竞争优势和发展潜力的企业作为重点上市后备企业,鼓励具有国际竞争力的企业到境外上市,加强对民营企业海外上市的支持和辅导力度。

(二)以创新为动力,推进闽商企业的产业调整与升级

与企业规模较小相对应,国内闽商企业以传统产业为主,缺乏自主创新能力。当时,福建省民营企业仍然以劳动密集型为主,技术密集型企业正逐步兴起,资本密集型企业还是发展缓慢。据统计,2006年,福建省规模以上工业企业的研发费用仅占销售收入的0.57%,全省规模以上民营企业研发费用仅占销售收入的0.20%。低水平的研发投入和自主创新活动,导致福建省多数工业企业无力进行核心技术和前瞻性技术的战略研究,技术创新活动普遍维持在对一些低端技术的研发上。因此,闽商企业必须加速传统

优势产业的技术升级,培育和发展高新技术产业,加强自主创新能力建设。政府通过财政、金融和技术等一系列政策措施,发挥了财政资金对激励企业自主创新的引导作用,完善高新技术企业发展的税收政策,支持大型骨干企业开展关键技术和重大装备的研究开发,加大对科技型中小企业技术创新基金的投入力度;搭建了多种形式的科技金融合作平台,加强公共财政资金的引导,吸引金融机构、民间资金参与科技投融资。有关部门选择一些重点企业,引导建设一批产学研战略技术联盟,建立企业技术中心,形成了一批创新型企业。鼓励引进国外先进技术,同时限制盲目、重复的引进,对企业消化吸收再创新给予政策支持。

(三)营造良好环境,促进闽商企业持续发展

闽商企业以民营经济为主体,它们是推进海峡西岸经济区建设的重要力量。政府通过进一步提高全社会对民营经济地位作用的认识,大力鼓励、支持和引导民营经济发展,营造促进民营经济持续发展的法治环境、政策环境和市场环境。(1)进一步拓展民营经济的发展空间,放宽市场准入,取消对民间资本投资的不合理政策限制,鼓励和支持民营资本进入基础设施、垄断行业、公用事业以及法律法规未禁止的其他行业和领域。(2)改善民营企业的融资环境,对主要为民营企业服务的中小金融机构实行宽松的市场准入和扶持政策。(3)完善民营企业的社会服务体系,建立和完

善中小企业信贷模式、融资担保、信用评价、法律援助、人才培训和技术服务等平台，建立企业风险防范和预警监控指标体系。（4）鼓励闽商企业通过参与国有企业重组、与外商合资合作、改制上市等多种形式，开展生产、技术、资本的联合和重组，加强民营企业上市辅导。（5）优化民营企业"走出去"的政策环境，制定全省优先"走出去"的重点行业、重点产品指导目录，推动投资便利化，建立境外投资风险保障机制，解决民营企业跨国投资的现金流问题。

（四）完善闽商网络，推动企业参与区域经济一体化

所谓闽商经济网络，是指闽籍华商通过血缘、地缘、业缘、学缘、神缘等的联系而建立起来的商业贸易关系。闽商网络为闽商企业实施"走出去"战略和参与区域经济一体化提供了得天独厚的条件。2010年，全世界的闽籍海外华侨华人约1100多万人，百余家海外闽商企业跻身国际华商500强，数十位海外闽籍华商成为东南亚国家经济领域最具影响力人物。因此，在参与区域经济一体化过程中，闽商企业具有独特的比较优势和区域网络。例如，在中国-东盟自由贸易区的框架下，闽商企业可以利用长期形成的区域性闽商经营网络，降低生产成本，扩大销售市场，促进产业分工和专业化生产，提升企业的国际竞争力。不过，对加快闽商企业参与区域经济一体化，各部门缺乏必要的前期准备，大多企业对此也不甚了解。因此，必须根据福建省的比

较优势,制定参与区域经济一体化的战略,与对外贸易市场多样化战略、国际资源战略、"引进来"和"走出去"战略相结合,全方位、多层次和有步骤地推进参与区域一体化的进程,为具有国际竞争力的闽商企业参与区域经济一体化提供具有可行性和可操作性的市场指南。

第四节　改革开放后三资企业中的闽商

改革开放之后,海外的闽籍华人从世界各地回到家乡,回馈桑梓。这些海外闽商以各种形式在福建投资兴业,创办工厂,捐资兴学,开展各项公益事业,共同为福建的经济发展做出贡献。自改革开放至2003年,福建省共批准三资企业32000多家,实际利用外资450多亿美元,其中侨资占七成以上。侨资企业是福建省重要经济支柱,为福建的改革开放、经济建设和社会发展做出了巨大贡献。

一、闽商三资企业发展历程

(一)闽商港资企业的发展

1980年,旅港实业家林积锁回到泉州后,就开始在泉州寻找中外合资项目。泉州人造花厂有限公司成为福建省首家中外合资企业。该企业生产的涤纶花远销美、英、法、意等 30 多个国家和地区,内销全国 24 个省、市的 120 余家客户,深受人们欢迎,销售量逐年增加,经久不衰。1986 年被福建省政府评为首批出口型企业之一。从 1980 年 7 月至 1987 年 6 月的 7 年时间,企业工业总产值为 2360.63 万元,产品出口创汇 235.82 万美元。[①]

　　1981 年,香港南益集团在国内投资创办的第一家企业是福建南安南丰针织厂。南益集团租下当时的南安县二轻局下属企业南安锅犁厂的车间,成立了南丰针织厂,与锅犁厂合作搞"三来一补",承接南益集团的来料加工业务。合作过程中,锅犁厂党支部与南丰密切配合,共同克服了许多困难,给港商留下了深刻的印象。因此,当 1984 年官桥锅犁厂调了 30 多名正式员工(其中有 5 名党员)到独立建厂的南丰针织厂工作时,南益集团总经理林树哲就主动支持这些党员成立党支部继续发挥作用。在当时南安县委的重视下,这个南安最早成立的三资企业在当年 4 月又成立了南安乃至泉州市非公企业里的第一个党支部,挂靠在南安外经委党总支。作为首个三资企业的党组织,南丰针织厂党支部成了第一个吃螃蟹的人,受到了各界的瞩目,而谁来为这个党组织"掌舵"更是为大家所关注。经过之前的接触,林树哲非常欣赏时任南安官桥公社党委组织委员的陈

---

① 经言:《泉州人造花厂在成长》,《国际经济合作》1988 年第 4 期。

金添,便写信给当时的南安县委书记李兆生,请求县委派一位年轻有为的干部,到企业帮助做好党建工作。南丰针织厂是南安县的"创汇大户",还解决了1000多名工人的就业问题,南安县委对此非常重视。虽然当时在三资企业建立党组织和派党支部书记都没有先例,也找不到相关政策规定,但县委的主要领导还是大胆解放思想,决定给予支持。县主要领导特地找陈金添谈话,郑重嘱咐他到企业后好好开展工作。不仅如此,为了决定是否让只有24岁的张贻安担任南丰党支部副书记,南安县委甚至召开常委会讨论。

党支部成立后,工人队伍逐步稳定下来,生产也迅速走上了正轨。港商看到了党组织在企业中的作用,也更加支持党支部开展工作。由于工人大多数是青年,在党组织的直接领导下,共青团组织很快成立起来。利用团组织这个平台,他们创造了"团委辅导组"的教育形式,对一些有能力的上进青年加以培养。后来,外省工人多了,"团委辅导组"还按照省份分成多个小组,各小组吸收该省份的党团骨干和积极分子担任组长,团结、联系本省的青年工人,在工作上、生活上及时进行辅导,既帮助这些工人解决各种实际困难,迅速融入企业,也避免帮派情绪在工人中滋生。南丰共青团搞得有声有色,不仅在工人心目中占据着重要的分量,还被团省委称为"福建团组织的一面旗帜","团委辅导组"的很多骨干后来都成为南丰针织厂甚至南益集团的高中层干部,有的还当上了全国纺织系统劳模。广大青年工人看到了他们在企业中的上升空间,更加坚定了在企业工作的信心。[①]

1983年,原籍闽侯上街的港商林铭森创办了福州市首家三资企业——福建昌明玩具制造厂。为家乡开放引资立了头功。"昌明"投产后,订单不断,效益日升,对外商投资产生了很好的示范作用。"昌明"的成功,使林铭森增强了在家乡投资的信心,1985年他又联合商界朋友集资创办福万玩具有限公司。在林铭森的苦心经营下,"福万"发展顺利。1996年,"福万"通过ISO9902验证,并多次被评为全国三资"双优"企业,被省侨办、省外经贸厅授予"明星侨资企业"称号。2000年,"福万"重组后,由林铭森独资经营。他随即投入巨资,新办了两家分厂,扩大生产规模。林铭森在福州合资开办了"华香楼大酒店",标志企业向多元化投资迈进。

1984年,祖籍安溪的港商曾星如和安溪县联益发展公司合资兴办了安溪第一家合资企业——安星藤器企业有限公司。主营各类藤竹工艺品和藤木、藤竹等家具制品。该公司自1985年1月正式开业以来,充分发挥本地资源优势,积极开拓欧美藤器市场,取得了显著的经济效益和社会效益。从开业起至1990年,该公司共创制出3600多种适销对路的新产品,与38个国家和地区的128家客户建立了稳定的贸易关系,累计出口创汇2230万美元,交税71万

---

① 苏文菁、郑有国:《奔流入海:福建改革开放三十年》,福州:福建电子音像出版社,2008年,第87页。

元,净盈利841万元,等于5年赚回了8个"安星",扶持6000多家贫困户(约占全县的九分之一)基本解决了温饱问题,并培养出一批企业管理人才和3700多名技术工人,因此受到省脱贫领导小组的表彰。[①] 1992年11月,香港曾星如物业有限公司属下香港富亨实业有限公司与安溪彩印纸箱厂合作创办安星纸品工业有限公司。1993年起,香港曾星如物业有限公司建设安星工业城,1997年5月,注册成立外商独资福建安溪安星玻璃工艺有限公司。至2002年,安溪被国家农业部授予"中国藤铁工艺之乡"的称号。[②]

1985年,同样来自安溪的港商张恒山在安溪创办了中外合资企业——福建安溪凤华制衣有限公司。安溪凤华制衣有限公司成为福建省运动服装产品打入西欧市场的第一家,被誉为"运动短裤大王"。从2007年起,凤华制衣就开始企业的改制和发展方向调整。首先是股权改制,变更为香港聚恒兴制衣厂有限公司独资企业,然后是转为申请美国著名户外运动品牌LAVA,全面转向中高档运动休闲服装的开发生产。几年间,销售额、出口额、利税额突飞猛进,企业实现华丽转身。[③]

① 吴天生:《发挥本地优势 走出口创汇之路——记安星藤器企业有限公司》,《福建金融》1990年第7期。
② 苏文菁、郑有国:《奔流入海:福建改革开放三十年》,福州:福建电子音像出版社,2008年,第89~90页。
③ 《凤华制衣:转型户外运动自主品牌》,http://www.anxinews.com/content/2012-03/06/content_3923260.htm。

(二)闽商台资企业的发展

1995 年,福建省汽车工业集团有限公司与台湾最大的汽车企业裕隆集团所属中华汽车公司,携手组建最大的海峡两岸合资汽车企业——东南(福建)汽车工业有限公司,并同步引进 35 家台湾专业汽车零部件厂商紧密环绕于周围,形成一个具有国际先进水准和自主发展能力的专业汽车生产基地。东南汽车城模式的产业集群布局,构建了东南汽车紧密而完备的生产配套体系,拥有配套厂 256 家,其中青口东南汽车城内配套厂 43 家,省内其他配套厂 23 家,省外配套厂 190 家。伴随着东南汽车的成长,该公司还逐步开拓了国内与国际广泛的零配件采购市场。

东南汽车吸取台湾中华汽车公司先进管理经验以及源自日本三菱汽车的领先时代的造车科技,引进日本、德国等全自动化尖端技术设备,形成冲压、焊接、涂装、总装、车检线等多位一体的现代化生产流程,同时建立起高标准、严要求的质量管理体系,在国内汽车整车企业中首家通过 ISO9001:2000 质量体系认证、首批通过国家强制性 3C 产品认证,通过国家环境保护总局颁布的中国环境标志产品认证,并通过 ISO14001:2004 版环境体系认证。

胸怀"鹏起东南,飞翔世界"的梦想,东南汽车将目光投向更宽广的国际舞台。2006 年 4 月三菱汽车正式入股东南汽车;2006 年 5 月由三菱汽车与东南汽车首次联手打造的三菱蓝瑟和三菱菱绅上市;2006 年 11 月标志着东南汽车进入中高级轿车领域的三菱戈蓝上市;2007 年 9 月东南汽车与克莱斯勒集团合作生产的克莱斯勒大捷龙上市;2007 年 11 月东南汽车与克莱斯勒集团合作生产的道奇凯领上市;2008 年 10 月,东南汽车首款自主研发的紧凑型轿车 V3 菱悦上市;2008 年 12 月,多功能跨界车三菱君阁上市。至此,东南汽车已推出东南、三菱、克莱斯勒、道奇四大品牌,得利卡、富利卡、菱利、菱帅、三菱蓝瑟、三菱菱绅、三菱戈蓝、克莱斯勒大捷龙、道奇凯领、V3 菱悦、三菱君阁等 11 大系列车型。

1993 年,祖籍福建漳浦的台湾天仁集团总裁李瑞河为了振兴祖国的茶事业,怀着对家乡的浓厚感情,带着他 40 年来的成功经验,以"根植福建,香传全国,茗扬世界"的宏伟目标,以"只许成功、不许失败"的决心,以"无年无节、不眠不休"的拼劲,逢山开路,遇水架桥,开始在中国大陆投资创办了中国天福集团。天福集团集茶业加工、销售、科研、文化、教育、旅游为一体,是当时世界最大的茶业综合企业。截至 2010 年,大福集团在中国大陆开设 1030 家"天福茗茶"连锁店,天福集团拥有天福茶业有限公司茶厂(福建漳州)、天元茶业有限公司茶厂(福建福州)、夹江天福观光茶园有限公司茶厂(四川乐山)、天仁食品厂(福建漳州)、天福茶食品厂(四川乐山)、安溪天福铁观音茶厂、华安天福铁观音茶厂、天福龙井茶厂(浙江新昌)、天福普洱茶厂(云南昆明)等 9 家工厂,2 家茶博物院,2 个高速公路服务区,1 个

"唐山过台湾"石雕园以及全球第一所茶专业高校——漳州天福茶职业技术学院。

1988年，祖籍漳州的灿坤集团创始人吴灿坤到福建投资，成立了厦门灿坤集团。2002年以漳州作为进一步拓展全球市场的重要基地。灿坤集团专业从事电熨斗、煎烤器、咖啡壶、跳式烤面包机、烤箱、马达、健康商品等小家电产品的研发、生产和销售（外销占100％）。其中漳州灿坤是灿坤集团的主要生产基地，占地160多万平方米，拥有员工两万多人，被誉为"全亚洲最大的小家电生产基地"。2009年，集团生产的煎烤器、电熨斗、马达、咖啡壶、烤箱、烤面包机等六大产品产量均居世界第一，家电出口量位居全国第六位。

（三）闽商侨资企业的发展

1982年，第一家外商独资企业——印华地砖厂落户特区。祖籍福清的陈应登先生是印尼华人，1982年1月10日，他与当时市政府的代表——厦门建设发展公司和厦门经济特区工程建设公司签订了特区第一份外商投资合同，把原定在新加坡开办的玻璃厂迁到厦门，并定名为"印华地砖厂"。"印华"在厦门这块热土顺利发展壮大，其在国内首创的劈离砖达到年产60万平方米，产品质量达到德国工业标准DIN，远销中国香港、中国台湾和新加坡、澳大利亚、加拿大等国家和地区。

　　1985 年,厦门国际银行成立,成为中国首家中外合资银行。注册资本 10.69 亿元人民币,股东包括中国工商银行、福建投资企业集团公司、厦门建发集团有限公司、闽信集团有限公司、亚洲开发银行、日本新生银行及美国赛诺金融集团有限公司。作为第一家地跨港澳和内地的中外合资银行,厦门国际银行经过 20 多年的精耕细作,已经成为一家在国内外享有良好声誉的银行集团。厦门国际银行坚持"经营智慧"的核心经营理念,奉行"以人为本、创新求变、开拓进取、团结奉献"的企业文化核心价值观,坚持国际化、标准化、集约化与精细化的经营管理导向,不断拓宽战略创新平台,加强核心信息系统建设,加快夯实管理基础;实行"拾遗补阙"的市场策略,打造灵活应变的业务运作机制,建设因应客户和市场需求的弹性组织体系,通过创新金融产品和个性化方案,大力发展优质的基础客户,实现业务的可持续发展;推行全面风险管理,形成科学有效的风险控制体系,及时化解市场突变带来的潜在风险,确保资产质量保持优秀水平。

　　厦门国际银行在实现自身发展的同时,热心参与各种公益事业,回馈社会。积极支持教育事业,设立奖教和助学基金,资助边远学校完善教育设施,帮助困难学生完成学业;关心弱势群体,为福利院配备生活设施,组织向贫困家庭捐款捐物;大力支持环保事业,推行"绿色信贷",认养数百亩林地,定期组织义务植树;推广感恩文化,鼓励员工自动自发地投身公益事业,踊跃参加志愿者行动、无偿献血等各类公益活动。厦门国际银行在践行企业社会责任方面做出了积极的努力，得到了社会各界的广泛赞誉。

厦门华侨电子企业有限公司（简称厦华集团）创办于1985年，曾拥有一家控股上市公司（于1995年2月在上海交易所上市）、5家全资子公司及6个配套厂和21家合资企业。公司注册商标"XOCECO厦华"已于2000年9月被认定为"中国驰名商标"，这是厦门市第一个"中国驰名商标"。2008年，作为厦门经济特区最大的工业企业、福建省最大的电子企业和我国最大的彩电出口企业之一，厦华集团名列"中国电子信息百强"第16位。

公司产品涉及视听、通信、IT等领域，已形成了彩电、手机、计算机、显示器、传真机为主导，电视导航器、社区网络服务、车载视听系统、系统集成、微波通信设备、电子商务等齐头并进的产业格局。作为国务院确定的首批"中国机电产品出口基地"，厦华除了在全国辟有5000多个销售服务网点外，公司系列产品的行销网络还遍及世界五大洲近六十个国家和地区。2006年，厦华外销品牌"PRIMA"还荣登了"国家重点支持和发展的名牌出口商品"榜首。

作为首批国家重点高新技术企业之一，厦华集团拥有一个企业博士后工作站、一个国家级技术中心，公司还在美国硅谷、欧盟等地设有研发机构，使公司技术开发延伸到海外，更有效地跟踪、吸纳国际上最新的技术发展。完善的开发体系，高强度的投入，使厦华的技术开发能力在全国同行中一直处于领先地位，如：我国第一台HDTV高清晰度数字电视机、第一台拥有自主知识产权的国产 GSM 移动手机等等都是厦华人率先开发出来的。同时,厦华集团一直以来视品质为企业发展的生命线,十分重视产品的质量管理。早在 1992 年初,厦华便在全国电子行业率先导入 ISO9002 国际质量保证体系并于次年就通过了国内、国际双重认证。2001 年,厦华产品已通过了美国 UL、加拿大 CSA、英国 BS 等 13 个国际权威安全标准认证,其中,厦华彩电还于 2001 年通过"中国环境标志产品"认证并被评为首批"国家质量免检产品",公司曾荣登"全国家电业售后服务先进企业"榜首。为此,厦华公司博得了"技术先锋、质量楷模、服务标兵"的美誉。

二、国企并购与"中策现象"

1992 年的春天,邓小平南方谈话之后,中国再次掀起开放浪潮。就在这一年的 4 月,一位 44 岁的印度尼西亚籍华裔商人来到了中国。在短短的 1 年时间里,他大举收购了 300 家国有企业,并在海外上市"倒卖"。这个叫黄鸿年的商人和他引发的"中策现象",猛然打开了"资本经营"的第一道闸门,一时间争议四起,效者如云。黄鸿年大面积收购国有企业,可谓得"天时地利人和"。

黄鸿年是印度尼西亚著名华人财团金光财团董事长黄奕聪的次子,他高举"为改造国有企业服务"的大旗,自然一呼百应。中策集团是香港一家上市公司,资本雄厚,背景强大,除黄鸿年以 30.5％的股份控股之外,金光集团、李嘉诚的和黄公司及美国摩根士丹利等大证券商也是其重要股东。

中策集团在 1992 年 4 月到 1993 年 6 月间斥巨资购入了 196 家国有企业,随后又收购了 100 多家,后虽因中国政府干预终止了部分合同,但中策集团仍在短短的时间内组建了庞大的企业帝国。

中策集团收购国有企业的步骤一般如下:投入资金与现有国有企业整体合资,中策集团占股 50％以上或以参股方式取得合资企业少数股权。在参股过程中或将被参股企业并入同行业所收购的企业集团中,或再增资上项目,由参股变为绝对控股。取得被收购企业决策权后,任命新的管理层,转换企业经营机制,刺激员工争创利润的积极性。重组被收购企业,调整清理存量资产。引入资金和技术,上马新项目并推出新产品。将被收购企业股权纳于海外控股公司名下,海外上市集资,实现滚动收购。

中策集团收购中国国有企业主要有以下三种模式:第一种模式是选择经济效益良好的行业骨干企业,加以控股,组成不同行业的中策企业集团,单独在海外上市。在橡胶轮胎行业中,中策集团分别控股收购了太原双喜轮胎公司、杭州橡胶厂,将该股权纳于在百慕大注册的"中国轮胎控股公司"名下,而后增发新股并在美国纽约证券交易所上市。共募资 1 亿美元,随后又用所募资金收购了重庆、大连、银川等地的 3 个轮胎橡胶厂。所收购的 5 家工厂中有 3 家是我国轮胎行业的定点生产厂。啤酒行业中,中策集团收购了北京、杭州以及烟台等地多家啤酒厂,组建了在百慕大注册的"中国啤酒控股公司",在加拿大多伦多招股上市成功。中策集团还策划进入医药行业,后因国家有关部门干预,未能成功。

第二种模式是一揽子收购一个地区的全部国有企业,泉州即为其典型。1992 年 8 月,中策集团与泉州市国有资产投资经营公司合资成立泉州中侨集团股份有限公司。中方以全部 37 家国有工业企业的厂房设备等固定资产作价投入,占股 40%,中策集团占股 60%。1993 年实现利税5000 万元,增长 80%。中侨公司同时拥有大量土地储备,未来经营房地产的收入前景十分可观。

第三种模式是一揽子收购一个地区某一行业的全部企业控股权。中策集团与大连市轻工业局签订合同,收购101 家企业,中策集团分 3 年投入 5.1 亿元,占股 51%。后因在收购过程中遇到一系列困难,国家有关部门也进行了干预,只对其中两家实施了收购。

不可否认,黄鸿年在运作过程中利用了中国当时法规的某些漏洞。原中外合资法规中允许外资分期到位,中策集团利用此漏洞往往预付 15%～20%的资金就控制了国有企业,把头批企业在海外上市后所获资金再投入,滚动式收购。又比如,中国法律规定外资合资方不得转让其合资股权,中策集团却转让了持有这些股权的海外控股公司股份。同时,中策集团利用中国对合资企业的各种优惠(如税收上的三免两减）、汇价双轨制等获利匪浅。

在海外倒卖中，黄鸿年也抓住了最有利的经济时机。1992 年至 1994 年初，西方经济增长缓慢，美国 10 年期国债收益率从 1991 年初的 9％ 一路降至 1994 年初的 6％，国际资本相对过剩。而中国在此期间经济增长率年年高达 10％ 以上，在此背景下，号召募集资本十分容易。中策集团正是利用这一特点，在中国经济刚开始复苏，但企业财务数据尚不理想之时低成本收购中国国有企业，并在 1993 年中下旬国际资本市场上"中国神话"达到顶峰时增资，获取了巨额利润，集中了大量资本。黄鸿年在本案中也出现了一些失误。中策集团在数百家收购企业中没有派驻一个人，总部仅有两三位财务人员全年巡回审计。收购初期，由于体制解放自然可激活生产力，出现反弹式的效益增长，然而随着中国内地经济日趋市场化，原有的产业形态落后、设备老化、新产品开发不力、人才结构不合理等国有企业老问题一一凸现。黄鸿年收购有余，整合不足，进入迅速，退出犹豫，以致最后陷入具体的经营泥潭，尾大不掉。1997 年，东南亚爆发金融危机，黄鸿年亦损失惨重，他遂将大部分股份出让，逐渐淡出套现。1999 年，中策集团的中国轮胎及其他在中国的合资公司处于严重亏损状态。2000 年 5 月，黄鸿年宣布将中策集团转型，主营资讯科技和电子商贸相关业务。①

① 吴晓波：《大败局》，杭州：浙江人民出版社，2001 年。

泉州的"中策现象",虽然最后以失败告终,但却成为海外闽商并购国企的里程碑事件。虽然其投资规模、涉及领域及并购成功率均有限,但并购所产生的作用和带来的影响、经验和教训对于中国企业如何更好地利用海外华商资本以实现双赢,具有重要意义。[①]

三、为汽车玻璃专业供应商树立典范的闽商企业

福耀玻璃工业集团股份有限公司(含其前身),1987年在福州注册成立,是一家专业生产汽车安全玻璃和工业技术玻璃的中外合资企业。1993年,福耀集团股票在上海证券交易所挂牌,成为中国同行业首家上市公司。福耀集团拥有国内员工一万多人,已在福清、长春、上海、重庆、北京、广州、湖北等地建立了汽车玻璃生产基地,还分别在福建福清、吉林双辽、内蒙古通辽、海南海口等地建立了现代化的浮法玻璃生产基地,在国内形成了一整套贯穿东南西北合纵连横的产销网络体系。福耀集团拥有国内工厂13个,浮法玻璃生产基地4个(浮法玻璃生产线9条),工程玻璃公司1个,汽配公司1个,海外公司1个,玻璃工程研究院1个,机械制造公司1个,海南矿砂公司1个,总生产规模达到2500万(台)套。福耀集团总资产由1987年注册时的

---

① 苏文菁、郑有国:《奔流入海:福建改革开放三十年》,福州:福建电子音像出版社,2008年,第53页。

627万增长至2008年的90多亿元人民币，还设立了中国香港子公司、美国子公司，并在日本、韩国、澳大利亚、俄罗斯、德国及西欧、东欧等国家设立了商务机构，成为名副其实的大型跨国工业集团。

福耀集团按照国际制造业先进的管理模式和业务流程，建立了ORACLE ERP系统信息化管理平台；重视人力资源的开发与培养，与厦门大学联合成立福耀管理学院，为员工提供全面培训；实施质量成本控制体系，是中国同行业中首家通过ISO9002、QS9000、VDA6.1、ISO14001、TS16949体系认证的汽车玻璃生产销售企业；重视品牌经营，产品质量可靠、稳定，所有产品均获得美国DOT标准、欧共体ECE标准、澳大利亚SAA标准、中国GB9656及中国3C标准的认证。产品的标志"FY"商标是中国汽车玻璃行业第一个"中国驰名商标"。2000年度获得全球三大汽车制造商之一的美国福特汽车公司颁发的全球优秀供应商金奖。

高品质的产品、领先的研发中心、完善的产品线加上巨大的产能，决定了福耀产品强劲的市场开拓力，印着"福耀"商标的汽车玻璃在主导国内汽车玻璃配套、配件市场的同时，还成功挺进国际汽车玻璃配套、配件市场，在竞争激烈的国际市场占据了一席之地。2006年，福耀集团研究院被国家发改委、科技部、财政部、海关总署、国家税务总局等联合认定为"国家认定企业技术中心"。

在国内的整车配套市场，福耀为各著名汽车品牌提供配套,市场份额占据了全国的半壁江山。在国际汽车玻璃配套市场,福耀已经取得了世界八大汽车厂商的认证,2011 年,福耀已经成为 Audi、Bentley、VW、GM、Ford、Mercedes-Benz、Nissan、PSA、Volvo、Hyundai、Chrysler 等的合格供应商。

随着我国改革开放的进一步深入,人民生活水平不断提高,汽车步入寻常百姓家。截至 2012 年,排行国内第一、世界第四的福耀集团借着这股东风,乘势而上,在“我们正在为汽车玻璃专业供应商树立典范!”这一目标指导下,本着“质量第一、效率第一、信誉第一、客户第一、服务第一”的经营宗旨,将福耀发展成为具有汽车玻璃系列产品、相关材料及设备的研究、设计、开发制造能力的特大型企业,同时将福耀玻璃研究所建设成为具有国际影响力的科研机构,并通过上下游相关产业链的开发建设,将福耀打造成一个代表中国玻璃工业的国际品牌。

四、三资企业的发展特点

改革开放之后,三资企业逐渐发展成为福建对外开放和经济建设中一支重要的经济力量。福建省“三资”企业发展有以下几个显著特点:[①]

---

① 陈振辉:《福建“三资”企业的现状、问题及对策》,《特区经济》1992年第 2 期。

(1)外商投资者以港台侨"三胞"为主,其他国家或地区的投资者逐渐增多。根据 1990 年的统计,全省三资企业中,港澳地区占 30%,东南亚国家(主要是华侨)占 20%,台资企业发展迅速,在厦门市已超过 50%。

(2)投资布局以沿海开放区为主,逐步向内地山区推进。沿海开放区条件优越,成为外商投资的热点地区。随着全省整体投资环境的改善,外商投资已由沿海逐步向内地山区推进,开发山区矿藏、森林等资源,发展了一批"三资"企业,例如在龙岩地区创办三德水泥厂、成片开发永定先富工业区项目。

(3)投资项目以生产性为主,投资领域不断拓宽。1985 年以前,外商投资比较集中在纺织、机械、电子等简单加工工业,以及兴办宾馆、旅游业等。1986 年以后,投资领域不断扩大,项目涉及电子、医疗、建材、化工、冶金、运输、房地产、水产等 20 多个行业,其中生产性项目占 90% 以上,产品出口和技术先进的占 80% 以上。1992 年以后,外资的投向已由过去集中于劳动密集型的一般加工工业转向原材料工业、基础设施、开发性农业、高科技等资金和技术密集型产业,投向这些领域的外资占总投资的比重大大提高,而且经济效益较好,企业规模逐渐扩大,投资行为趋向长期化。

(4)投资形式从单项开发起步,逐渐向系列开发、成片开发拓展。外商在福建的投资,1980 年代初期以零星设厂、单项开发为主,具有明显的投石问路性质。到 1980 年代中后期出现了行业系列开发,形成了一批相互配套的企业群体。1990 年以后,成片土地开发成为外商投资的重要形式。

福建省利用外资工作成效显著,其中外商直接投资工作尤为突出,三资企业得到了迅速发展。外资已成为支撑福建国民经济高速增长的重要动力。1997 年,福建省乡及乡以上工业产值中,三资企业占 52%,新增工业产值中的四分之三来自三资企业,在各类工业产值中,三资企业产值增长一直高居各经济类型之首。到 1998 年,福建省三资企业达 99190 家,相比改革开放初 1980 年的 2 家有了巨大的增长。外商投资有效地促进了福建省产业结构的调整和优化,外资企业规模明显大于内资企业,全省排名前 100 位的工业企业中有一大半为外资企业。引进外资还促进了福建省产业技术水平的提高,外资企业也成为福建省出口的主力军,例如冠捷电子(福建)有限公司,年出口额居全省各类企业之首。

第三章
国内异地闽商与商会组织

　　1978 年，中国改革开放，闽商血液中创富的激情在长期压抑之后得到激发，如急流喷涌之势。闽商走南闯北，寻觅财富机会，"哪里有钱赚，哪里就有闽商的影子"。在改革开放的年代里，重商主义得到淋漓尽致的发挥，闽商雄心勃勃的商业基因在现代市场经济中被激活、放大，并随着市场经济而蓬勃发展。闽商趁势而上，由此拉开了现代市场经济在福建运行的恢宏画卷。

　　闽商投资具体分为两大类：一是自改革开放以来，福建闽商以敢为天下先、爱拼才会赢的开拓精神，到全国各地投资创业，成为"跳出福建"的先行者。省外闽商规模不断扩大，实力不断增强，在为全国各地经济社会发展做出了积极贡献的同时，也形成了促进福建发展的一支重要经济力量。二是海外华侨、港澳台等地闽商。福建是全国重点侨乡，遍布世界各地的闽籍华侨华人超过 1100 万，其中新移民人数近 100 万。在世界华商 500 强中，闽籍企业占了近 200 家，这些闽籍华侨华人资产存量估计超过 3000 亿美元。截至

2005 年底,海外闽商回乡投资兴办企业 2 万多家,投资金额达 300 多亿美元,占福建省吸收外资的 70%。

在海外闽商创造巨大物质财富的同时,留守本土的闽商也一样创造着令人瞩目的经济成就。特别是改革开放后,闽人身上的商人特质得到充分发挥,他们驰骋于国内木材、建材、石材、卫生用品等诸多行业,其纵横商道的步伐一刻也没有停歇。在商业领域,中国最早开张的民营连锁超市,就是福州华榕超市。在泉州,当地商人用自己的汗水与才智铸造了中国鞋都晋江、中国瓷都德化、中国茶都安溪、中国服装城石狮、中国建材城南安等等驰名全国的金字招牌。此外,还有惠安的建筑业与石雕业、长乐的纺织业、莆田的木材和医疗产业、周宁的钢材业、闽东的电子业、平潭的航海与隧道工程等。这些成为当地乃至福建"爱拼才会赢"精神的鲜明标志。

福建省民间资本丰富,民营经济发达,是中国非公经济的发源地之一。早在 20 世纪 80 年代就出现了晋江模式、长乐草根工业发展模式等,在全国具有较大的影响力,经过多年的发展,民营经济已撑起福建省经济的半壁江山,并在中国形成 · 批极具影响力的闽商投资力量。

第一节　异地闽商的集聚区域与行业

闽商以勇气和责任开创区域经济发展新竞争力,自改革开放起就逐步在神州大地上遍地开花,福建、广东、河南、湖南、陕西、北京、上海、天津……一路的探索和艰辛中,诚信、责任与携众共赢成为解读闽商成功的关键词。据福建省经贸委对国内 33 个福建商会的不完全统计,截至 2008 年,在省外经商的闽籍企业人数达 416.5 万人,累计投资规模达 9882 亿元,兴办企业 20.54 万家,年贸易额 7747 亿元。[①]

一、异地闽商的集聚区域

国内异地闽商的经济实力已成为福建省综合实力的重要组成部分,为拓展新的发展空间,推动区域经济发展发挥了重要作用。

根据 2010 年第三届世界闽商大会的全国各地投资不完全统计,截至 2008 年,闽商在海南省投资 200 多亿元,在陕西省投资约 200 亿元,在重庆市投资约 300 亿元,在山西省投资约 200 亿元,在云南省投资约 300 亿元,在北京、上海等地投资规模更大。在全国各地组建的异地商会遍布国内 31 个省、209 个市,数量居各省市首位。

在国内,闽商实际上已成为在北京外埠房地产开发商中最大的赢家;在海南省,据不完全统计,已有 10 万以上福

---

① 黄山:《共建园区——福建产业转移的有效途径》,《发展研究》2009 第 4 期。

建商人在创业；8万闽商淘金新疆，从事金融投资、石油及建材等上百种行业经营；闽商在湖北大小企业已达500多家；闽商在山西开办了上千家企业。福建民营企业在全国各地经营的建材、土特产、服装鞋革、运输、房地产、水产等均形成相当规模。

在北京，从商的闽人超过30万，注册的企业有8000多家，创造了逾千亿元人民币的产值，年上缴国家税费60多亿元人民币，涉及房产开发、金融证券、信息电子、物业管理、机械制造、木材建材、餐饮娱乐等20多个行业。有人这样形容闽商在北京的影响：在北京，十块瓷砖中有九块是闽清人卖出的，而莆田人则垄断了北京99％的木材市场。此外，闽商在石材、钢材、茶叶、民营医院等行业也占据主导地位。在竞争激烈的房地产领域，闽籍房地产开发商也取得了巨大的成功。韩国龙、杨孙西、许荣茂等成为财富的代名词，尽管他们为人低调，但他们所建立的商业帝国作为经营成功的标志吸引了人们崇敬的目光。

在上海，闽商兴办的实业、经贸机构和个体私营企业总数，已不下4万家，就业人口超过45万人。其中注册资本100万元以上的闽籍企业有1万多家。闽商投资的"四材"（钢材、木材、石材、药材）和轻纺、电子、办公、文教、食品饮料等各类专业市场已近200多个，如曹安钢市、松江钢材城等，都在上海有很高的知名度。同时形成了以融真担保租赁、世茂集团、龙工集团、舒友海鲜酒楼等为代表的大批有影响的金融业、房地产业、制造业、餐饮业龙头企业，为上海市的经济、社会、文化等事业发展和提升上海大众生活质量做出了突出贡献。

2000年以来，上海经济发展呈现新的景象，无论综合经济实力，还是经济发展的质量，都走上了新的台阶。发展速度快速稳健，经济运行质量不断提高，经济持续增长的内在动力进一步增强，金融、商贸、房地产等已成为上海新支柱产业，会展、旅游、信息服务等产业也迅速扩大，跨国公司落户上海的速度骤然加快。据有关方面统计，1999年开始，世界500强跨国公司在上海投资、设立地区总部或研发机构的就有70多家。2001年APEC会议之后，跨国巨头们已是争先恐后，唯恐出局，一些国内知名的闽商企业和国外侨商企业也陆续进军上海。2000年8月，世茂集团以高于净资产的价格收购上海万象集团26.43%的国家股，成为第一大股东，介入国际广场地产项目。

2002年9月，福建福清人林绍良创办的印尼三林集团通过三林万业（上海）投资有限公司向中远集团受让中远置业集团45%股权，并将其改组成为中外合资上海中远三林置业集团有限公司。2005年9月三林集团进一步收购了上海中远三林置业集团有限公司其余55%的股权，完成对三林置业集团的全面收购，并将其更名为三林万业（上海）企业集团有限公司。除此之外，进入上海的闽籍侨资企业集团还有金光、金鹰、佳通、上好佳、力宝等。

这一时期，具有一定实力的新闽商为适应集团化、多元化发展趋势，开始合纵连横，优势互补，向产业链上下延伸，并掀起"回归家乡"和向国内外扩张投资的创业热潮。同时，与上海城市居民生活息息相关的莆田民营医疗机构、沙县小吃店、连江人经营的网吧和闽北人经营的各类便利店等也迅速扩张到上海城乡。

据上海市福建商会的粗略统计，截至 2008 年，上海新闽商企业和个体工商户总数在 5 万家以上，注册资金在 100 万元以上的有上万家，各类专业市场近 200 家，其中仅周宁、永泰和政和三县商人在上海创办的各类市场就达 110 多家。一些闽籍企业在行业内占有重要地位，如：世茂集团、中国龙工、华昌粮油、吉马酒业、福建国航、南浦食品、恩斯凯、宝闵、钢宇、塔星石材、高榕食品、五天分销和东龙拉链等；建配龙、喜盈门、逸仙钢材现货市场、松江钢材城、福人林产品、海神建材、百饰得、大宁国际茶城、天山茶城等一批大型专业市场享誉上海；不少闽籍企业家已分别成为各自行业的领军人物。20 世纪 90 年代以来，福建省数十家拥有"中国驰名商标"的企业也悄然进军上海，在上海建立生产基地、研发基地、销售中心等机构。

在天津，闽籍在津企业近 4000 家，从业人员及在津闽籍人士近 20 万人，在津直接或间接投资近百亿元，年产值及营业额近 200 亿元。其中闽商涉足行业达上百种，特别是在津占地近 2000 亩、建筑面积近百万平方米的华北和滨海两个建材城，其产品辐射"三北"，荣居华北第一，享誉津门。

天津的福建企业家们传承了优秀的"闽商精神"。新一代闽商在天津这块企业发展的沃土上，辛勤耕耘，突破创新，锻造了一批实力雄厚、生机勃勃的优势企业。同时，他们也与天津人民一道成为"爱国诚信、务实创新、开放包容"的天津精神的创造者和实践者，为天津经济、社会各方面发展做出了积极贡献。天津市福建商会自成立之日起，在阮志雄会长的带领下，服务招商引资，促进交流合作，凝聚会员企业，规范企业发展，会员队伍不断壮大，整体实力进一步增强。商会的活跃度、影响力和贡献作用等均得到提升，塑造了在津闽商的品牌形象。

天津拥有优越的地理区位优势，是我国环渤海经济圈的商贸中心城市。滨海新区全面开放，京津冀城际高铁形成京津两地"半小时经济圈"，天津作为中国北方经济中心的战略地位日益凸显，未来发展潜力巨大。要站稳北方市场，实现商业战略目标，天津是首选城市。

同时，天津本身具有非常浓厚的文化底蕴、良好的茶文化基础，具备大力推广茶文化的条件。经过闽籍茶商多年努力发展和用心经营，现在，在天津有了几家大型茶城，如一商茶城、芥园道茶城、珠江道茶城、密云路茶城等等，而且闽籍茶商遍布了天津各区县大街小巷。

天津全年茶叶销售额超过 50 亿元，目前在天津闽籍茶商销售的主要茶叶品种以铁观音、花茶、大红袍、正山小种、金骏眉等为主，占天津茶叶销售量的 89％。闽籍茶商以弘扬中国茶文化为己任，把天津打造为北方茶文化中心，为推动北方茶文化的繁荣发展做出贡献。

在广东、内蒙古、陕西、河北乃至新、晋、鄂、赣、滇、辽、吉、黑等省及自治区，无不留下闽商的"淘金足迹"。在东北黑、吉、辽三省，处处显现福建商人的身影，福建最小的地级市莆田就有 6 万人在那里经商创业。在河北创业的闽商达到数万人，涉及阀门、石材、电器、服装、水产等十几个行业，并形成了一定的规模和优势。在内蒙古，有不少福建的有识之士抓住了南北经济互补性这一有利商机，毅然来内蒙古从商，数千家闽商企业遍布内蒙古各地。截至 2008 年，闽商还占有宁夏 70% 的木材市场份额，80% 的石材市场份额。有 3 万人在山西经商，投资约 17 亿元人民币。有 8 万福建人在新疆经商办厂，各类投资总额达 30 亿元人民币。有资料表明，目前有 300 多万闽商遍布中国内地，资产超过上千亿元。

二、异地闽商的集聚性行业

异地闽商在全国各地投资涉及房地产、石油化工、煤炭、工程机械、建材、轻工、医院、旅游等十大行业。其中，截至 2008 年，泉州市有 70 多万人在省外投资，企业年销售总额达 1600 亿元；莆田在外经商办厂和务工人数超过 50 万人，分布在全国各大中城市，拥有固定资产 300 亿元，垄断了整个中国木材市场；福州市的福清、长乐、连江等地是民间资金最雄厚的地区，其中遍布世界各地的"福清哥"达 70 万人，财产数百亿元，福清人与莆田人、仙游人在外投资加油站占全国约75％的私营加油站市场份额；长乐市从1991年在海南创办第一家企业开始，在外地兴办企业仅冶金企业就有600家，总投资230多亿元，生产能力达3500万吨，年产值超过1000多亿元，远超过长乐市本地工业总产值，另外，约5万多人在全国各地创办各类工业企业和商贸企业5000多家，年产值达1200多亿元。

新一代闽商所从事的行业固然各不相同，但最初的崛起模式却惊人相似，往往以夫妻、兄弟为核心，亲属、乡邻为纽带，滚雪球般发展到整个家族乃至整村、整乡镇、整县市。因此新闽商的行业往往与地域相关联，整乡整县市从事同一行业的不胜枚举。新闽商利用上海独特的区位优势、良好的投资环境，以血缘、乡缘为纽带，合群团结，守望相助，经营态势从弱到强，从分散经营到集聚集约，从单打独斗到群体联合，在上海悄然而稳健地崛起，成为经济领域的一支生力军。

新一代闽商群体一般是同乡相携，合力开拓，共同参与市场竞争，因此行业经营往往与乡缘地域联系在一起。在钢材、石材、木材、茶叶、民营医疗、网吧和便利店等行业尤其显示了福建一些市县商人群体的聚集现象。周宁人聚集在钢材销售行业，永泰人主要执着于南北货市场，政和人开辟建材市场，浦城人集中于小五金和建材零售店，邵武和将乐人集中于食杂便利店，沙县人集中于小吃，连江人集中于网吧，安溪人、寿宁人集中于茶叶经销，莆田人集中于食品、木材行业和民营医院等等。泉州人则以石材、建材、房地产、制造业、纺织服装等行业多头发展,其中南安人的石材经营占主导地位。从企业规模、品牌知名度等方面来衡量,泉州人在上海新闽商中具有整体优势。

闽商企业呈现出鲜明的行业集聚性,扎堆在专业化的产业园区或贸易市场。以钢材市场为例,在津闽商投资与经营管理的大型钢材市场有十余家,2700 余家商户集聚于此,年销售额 1600 多亿元。还有闽商的传统领域——陶瓷行业,如天津北方建材陶瓷批发市场,进驻商户达 800 家,每日中转、销售量已突破 6000 吨,年销售额达 20 多亿元,行业集聚效应凸显。

新闽商所从事的行业主要集中在商贸流通领域,尽管近年来在房地产业、制造业、纺织业、金融业、担保业等行业有表现不俗的企业涌现,但就整体而言,主要在钢材、石材、木材、茶叶、南北货、食品、民营医疗、网吧和便利店等商业服务行业占据着重要市场份额。而在房地产、制造业、金融、担保租赁、航运物流、纺织服装、酒店餐饮娱乐等领域出现了一些业绩领先、具有影响力的企业。据不完全统计,截至 2008 年,福建省在京注册企业达 8000 多家,其中规模企业年产值超亿元的约有 300 家,从商人员超 30 万人,涉及房产开发、金融证券、信息电子、物业管理、机械制造、木材建材、餐饮娱乐等二十多个行业。

在木材、食品和民营医院领域,莆田人的聚集程度较高。首先我们来看木材领域,2001 年莆田市工商联上海分会成立时,会员 150 家,其中经营木材加工和批发的企业有

86家。20世纪90年代初，在东北从事木材生意的莆田人叶文珍、林文理、陈银芳等到上海开辟市场，在叶文珍等人的带动下，莆田人很快成为上海木材行业销售、加工队伍的主力军。后来，海神建材市场和福人林产品批发市场成为该行业的大型专业市场。其中福人林产品批发市场为中国最大的进口木材批发市场之一，年交易量在100万立方米以上，交易额约80亿元人民币，董事长谢艺仁担任中国木材流通协会副会长。

接着，我们来看食品行业，以2003年成立的莆田市城厢区工商联上海商会为例，一个区商会82个会员，就有37家经营食品的企业。上海南浦食品有限公司是他们的领军企业，还有"天喔"食品享誉上海。领头人林建华还兼任上海市南北货食品行业协会副会长、上海进出口行业协会副会长。另外林建洪、郑国发、郑伟忠、吴金芳等经营业绩也较突出。

再看民营医院，上海的民营医院80%以上的投资者来自莆田。1988年就有莆田人来沪开办医院、门诊部，当时只有十几家，多为莆田秀屿东庄人。他们通过与亲朋好友合伙、参股等，投资民营医院，逐渐在上海民营医疗市场占有绝对的份额，截至2008年，莆田人投资的民营医院已达百家，规模在千万元以上的达数十家。已出现一些集医疗、药品开发、医疗器械等为一体的企业集团，如中屿集团、中骏集团、美迪亚医院集团等。

在石材行业，新一代闽商也是一个不小的群体，尤其是南安人,从业人数最多,占据的市场份额最大,对石材行业的影响力也大。上海石材行业协会第三届理事会 87 名理事中有 37 名是闽籍商人,占总数的 42%;12 名会长、常务副会长、副会长中,闽籍有 4 人。常务副会长为吕振作,副会长陈孝锦、洪耀宇、蔡文革。其中吕振作、洪耀宇、蔡文革都是南安人。

　　茶叶销售市场也是新闽商比较活跃的领地。上海大宁国际茶城以及天山、恒大、九星等茶叶专业批发市场中,闽籍茶商都占主导地位。闽商的规模和经营品种在华东地区首屈一指。漳州市天福集团的"天福"茗茶是中国驰名商标,在上海直营连锁店就有 34 家。安溪县在上海经营茶叶的企业中已加入安溪县茶叶协会上海分会的就有 101 家。

　　茶叶市场的消费需求逐渐向多元化发展,从过去的以花茶为主,到近年来红茶、普洱、绿茶的销量逐年增长,这标志着北方茶叶消费开始趋于成熟,从单一的日常消费品开始向生活享受转化,消费者对茶消费与茶文化的热情也在不断升温。此外,茶叶批发市场建设步伐也在不断加快,北方茶业市场竞争开始趋于激烈,不少茶企已将开拓巩固华北市场作为重点。

　　据不完全统计,截至 2008 年,在天津的闽商据大概有 30 多万人,他们从原来最早在天津经营的五大行业(石材、木材、瓷砖、茶叶、水暖阀门),发展到属于支柱产业的房地产、先进制造业的电子仪表等等。随着天津的发展,特别是滨海新区的开发开放,闽商的整体规模也在提升。天津的整个闽商投资规模,已经超过了2300亿元,而且这个数字还在迅速增加。

2008年,天津商会会员企业503家,制造业326家,闽商占比60%,主要分布在宝坻工业园区、滨海新区、塘沽经济开发区、东丽经济开发区、津南经济开发区、北辰工业区和五金城等地,年产值过百亿元,销往世界各地及全国,其中阀门及电动装置生产基地为全国最大。

阀门在机械产品中占有相当大的比重。据统计,阀门的产值是压缩机、风机和泵三者的总和,约占整个工业产值的5%。同时,作为技术装备的重要组成部分,尤其是在电力、石化、冶金、城市供排水系统中,阀门更是起着关键作用,因此需求量相当大。

经过多年的发展,全国大小阀门企业有6000余家,仅天津市就有326家制造型企业,主要产品有16大类规格、数千个品种,居国内领先地位。

第二节　国内异地福建商会

改革开放以来,有超过300万的闽籍乡亲分布在全国各地经商办企业。在各地的闽籍企业发展到一定数量和规模时,部分闽籍企业家尝试着联合起来,成立一些闽籍协会和联谊会,这些协会和联谊会就成为福建省早期异地商会的雏形。这些协会、联谊会随着会员数量的逐步增加及一批有影响的民营企业的加入,规模不断扩大,组织不断提升,异地福建商会因此应运而生。[①]

一、福建异地商会情况

根据 2010 年福建省工商联合会组织建设统计数据表,福建省各级行政区划 96 个,除金门县(待统一)外,已全面建立商会各级组织。其中,省总商会 1 个、设区市商会 9 个、县级商会 85 个。截至 2009 年 7 月,福建省总商会下属共有各级行业商会(同业公会、协会)组织 310 个,经民政部门批准登记的有 141 家。异地商会 404 个,其中省内省级异地商会 6 家,其余为地市、县一级。省外设立省级异地商会 24 个,除西藏外,全国各个省份均有闽籍异地商会。福州异地商会发展良好,并在全国各地成立 22 个异地商会,异地福州商会有 5 个,各县(市)组建的异地商会有 26 个,并且成立 22 个异地商会党支部。厦门市商会共有行业商(协)会 8 个,其中包括纺织服装、电子、机械、塑料橡胶、百货、美容美发、畜牧、果品等行业。漳州市有罐头食品商会、钟表同业商会、石油商会、家用电器商会、汽车商会、锁业商会、纸制品制造商会等 7 家工商联市直属行业商会。

---

① 全国工商联研究室福建调研小组:《关于福建省行业商会与异地商会的调研情况报告》,2012 年。

总体而言,福建省商会建设有几个比较明显的特点:

第一,异地商会发展良好。由于福建民营经济起步较早,在某些行业已经形成了规模化集群并且在国内很多地区已经具备了设立异地商会的条件,除西藏外各省都有福建的异地商会;同时,在外省市发展的闽籍企业家实力也在不断壮大。这种状况下,以多种形式组建的异地福建商会为闽籍产业在当地提供了更宽广的发展平台,促进了在外闽商的合作交流,也为当地政府对于闽籍企业的管理提供了良好的协作。在"民资回归工程"实施过程中,异地商会发挥了不可替代的作用。有的地方政府在省外招商,当地的闽籍异地商会往往就是牵线搭桥人。

第二,行业商会在行业内部管理中发挥重要作用。对内,行业商会规范会员企业的经营管理;对外,行业商会帮助会员企业维护合法权益、谋求更大发展。

第三,充分利用了沿海尤其是对台优势创新活动方式。海西经济区的筹划,世界闽商大会的召开,都为福建的商会发展提供了新的契机,各类商会充满活力。

第四,基层商会发展不均。沿海地区相对比较发达,山区比较薄弱。

二、异地福建商会模式

异地商会作为福建商会建设的亮点,起步较早,发展也比较成熟,目前已经成为联系两地党委、政府与经济之间的重要桥梁和纽带,成为工商联组织工作的重要内容。

福建的异地商会目前主要有三种模式。一是挂靠在外地工商联下的闽籍商会,如北京市工商联福州商会,该商会没有独立法人地位,当地民政部门不登记。二是挂靠在外地中小企业局、经委、经济协作办、经社联、招商局等其他行政机关的闽籍商会,该商会与当地工商联无联系,但与福建工商联系统建立了一定联系。三是由工商联作为主管机关,进行社团登记注册、独立活动的商会。在工商联被赋予商会主管权的地方,此类商会组织比较成熟,也比较普遍。

然而,就大多商会的现状而言,异地商会的发展还基本上处于"无名、无章、无序"的"三无"状态,表现在三个方面:

一是异地商会的地位不明。目前无论是在法律上还是中央的相关文件中都没有对异地商会给以明确定位,更没有相关的专门法规或制度。异地商会至今定位不清,在一定程度上制约了异地商会的社团登记、作用发挥、服务开展和自身发展。

二是异地商会管理亟待明确。异地商会的前身多为同乡会,浓厚的乡缘色彩使其与一般商会相比具有更强的凝聚力,也极易异化为一种难以控制的帮会组织。当前,加强对异地商会的管理已经引起有关部门的重视,但对如何管理,在实践中各地做法也不一致。较为普遍的看法是,应当坚持"双重领导、属地管理"的思路,对商会日常运作的长期监督应遵循便利原则,以所在地管理为主。对人事任免、班子建设等重大问题应遵循磋商原则,由所在地和籍贯地共同协商确定。

三是异地商会的层次亟待规范。由于缺乏统一的规范和统一的主管机关，异地商会的设立层次目前比较混乱，各级商会间相互争夺会员，给商会的长远发展带来了负面作用。

为此，《中共中央、国务院关于加强和改进新形势下工商联工作的意见》曾经指出："商会是市场经济体系的重要组成部分，充分发挥各类商会的重要作用，是转变政府职能、完善社会主义市场经济体制的必然要求。"毫无疑问，异地福建商会不断发展壮大，已经成为福建省各级工商联工作的组织延伸和重要依托，成为福建省新时期统一战线的重要组成部分。当前和今后一个时期是全面建设社会主义现代化强国的关键时期，是深化改革、扩大开放、加快经济发展方式转变的关键时期，也是福建省推进跨越发展难得的重要战略机遇期。因此，稳步推进异地福建商会建设，对于进一步弘扬闽商精神，整合闽商资源，凝聚闽商力量，树立闽商形象，打造闽商品牌，引导和服务广大异地闽商加快转变经济发展方式，实现自身科学发展，共同致力于推动所在地和福建省的经济社会发展具有重要意义。

三、规范、改进和推动异地福建商会建设

（一）异地福建商会工作的总体要求

努力适应新形势的发展要求，实现由传统社团向现代

社团的转变,做到依法办会,规范运作,不断提高商会的办会水平;完善功能,强化服务,不断增强商会的凝聚能力;开拓创新,活跃会务,不断拓展商会的工作成效;爱乡念祖,回馈桑梓,不断加大商会参与"闽商回归"和"民资回归"的力度,真正把商会办成促进异地闽商企业健康发展和闽商健康成长的闽商之家。打造一批有较大影响的异地福建商会,培养一批在全国有突出贡献的商会代表人士,培育一批产值上百亿的标志性闽商会员企业。

(二)异地福建商会的性质、宗旨和职能

1.异地福建商会的性质

异地福建商会是由原籍地在福建省的以非公有制企业和企业家为主体,在福建省以外的行政区域自愿组成,接受原籍地工商联指导,以所在地工商联或其他职能部门为业务主管单位,在所在地民政部门依法登记注册,具有独立法人资格的非营利性民间经济类社会团体。

2.异地福建商会的宗旨

遵循"团结、交流、合作、服务"的原则,依法办会,合群团结,做好服务,拓展会务,维护会员和会员企业合法权益,促进会员和会员企业"两个健康"发展,自觉履行社会责任,为所在地和原籍地经济社会又好又快发展做贡献。

3.异地福建商会的职能

搭建政府与会员企业的沟通平台,宣传党和国家的有

关方针政策,反映会员企业的意见和建议,协调解决会员企业的困难和问题,推动会员企业调整产业结构,加快转变经济发展方式,实现自身科学发展。

第一届世界闽商大会之后,福建商会发展迅速。以异地商会为例,全省建立异地商会组织 563 家,分布在 31 个省、自治区、直辖市,全国闽籍异地商会网络基本形成。商会的职能也由维持联系、维系乡情、维护权益,逐步向共求合作、共寻商机、共谋发展转变,商会作为不断拓展,商会作用日益显现:

一是服务会员发展。广大异地商会积极为会员企业提供商务考察、筹资融资、项目合作、市场开拓、信息交流、管理咨询等多方面服务,不断实现会员之间的优势互补、集聚发展。

二是引导闽商回归。广大异地商会积极组团参加省内的重大经贸活动,投入闽商回归工程。截至 2009 年底,全省列入"三维"跟踪管理的民企项目达 1334 个、总投资 1.28 万亿元,其中许多就是异地闽商的回归投资项目。

三是勇担社会责任。广大异地商会企业家们踊跃向各级慈善机构捐款,积极投入赈灾救灾,热情参与民企联村、光彩助学等活动。

四、各级政府与异地福建商会的互动互促

福建各级党委、政府关注、关心、关爱闽商。在 2012 年

的福建省异地商会企业家代表新春恳谈会上,省委、省政府领导们评价说:"闽商爱拼会赢,爱拼是我们的奋斗精神,会赢是智慧和拼搏的结晶。大家不仅在于事业有成,而且非常重要的是为家乡争了光,表现出良好的素质,已成为经济建设主战场的一支重要力量。""长期以来,福建民营企业为地方经济发展、社会繁荣作出了重要贡献。广大民营企业家树立正确的利益观,很好地履行了社会责任,树立了闽商良好风范。""对福建来说,民营经济已是'三分天下有其二',闽商已成为福建发展的重要力量。"闽商会识"天相",会看"风水",敢走"夜路",敢闯"激流"。会识"天相"就是善于发现和捕捉市场机遇,哪里有商机哪里就有闽商的足迹;会看"风水"就是善于利用各种优势,整合各种资源,形成独特的竞争力;敢走"夜路"就是敢于探索创新,敢为人先,能够出奇制胜、独领风骚;敢闯"激流"就是敢于迎接挑战,既能顺势而为,又能逆势而进,做成、做大、做强自己的事业。

作为广大闽商的"娘家",工商联的作用日益凸显。省委原书记孙春兰指出,"工商联工作很重要,工商联工作大有可为。要为企业服好务,让他们发展,企业发展了,福建的经济才能发展。希望工商联多做事,在海西这一轮发展中发挥特殊作用"。

为改善福建的投资环境,孙春兰多次谆谆告诫各级各部门"要做好服务,认真落实鼓励民营经济发展的各项政策,破除制约民营经济发展的体制性障碍,对民营企业的发展给予积极的引导和扶持,做到'亲商、安商、富商',为企业发展营造良好的环境"。2012 年福建省的《政府工作报告》中强调:"将坚决依法清理、取消各种限制性规定,拓宽民间投资的领域和范围,落实民营企业在融资、招投标、政府采购等方面的同等待遇,营造民营企业公平参与竞争的良好环境。"

福建省政府表示,将从四个方面发力,为闽商投资创造更好的条件,提供更好的服务,包括:形成良好的政策支持、提供良好的政府服务、培育良好的产业环境以及创造良好的生活依托。这样的努力,无疑是福建扶持闽商发展的最好注脚。

在福建,商会的作用正越来越受到各级党委、政府的重视。2012 年福建省《政府工作报告》中提出"进一步开发闽商资源,充分发挥各级工商联、行业协会和各地闽商会的作用,大力吸引闽商回归"。充分发挥工商联、闽商会和行业商会的作用被写入《政府工作报告》,在福建当属首次。

福建面临的发展机遇正如和煦的春风扑面而来:中央支持福建发展的力度空前加强、福建发展实体经济和深化改革开放的步伐快步向前、两岸关系和平发展。一言以蔽之,无论大气候、小环境,都有利于闽商在此投资兴业。

2011 年后,福建省全力实施央企、民企、外企"三维"对接。在这"三维"对接中,广大闽商面临着许多新的发展机遇。更难得的是,在机遇面前,闽商优势凸显。

第三节　异地闽商回归工程

民营企业是最具活力的市场经济主体,它发源于民间、成长于市场,经过 30 多年改革开放浪潮的洗礼,已经成为推动社会经济发展的重要力量,显示出强大的生命力。随着福建民营经济规模的不断壮大、活力的不断增强,其在福建经济社会发展中发挥着越来越重要的作用。

福建省发展面临机遇和挑战并存的形势,进一步拓展民营经济发展空间、释放民营经济发展活力的任务还很艰巨。福建民营经济必须在强势竞争中珍惜机遇、勇担责任、迎接挑战。作为统一战线重要组成部分的异地福建商会在推动福建跨越发展、加快海西建设上有新作为,在自身发展上有新作为,在民生事业服务上有新作为,特别是要充分发挥海内外闽商民营经济的领跑者在福建发展和海西建设中的生力军作用,积极响应省委、省政府的号召,把推进产业项目对接,推动"民资回归"作为一个契机、一项使命、一种责任,发展自身、增强实力、担当责任、积极参与,体现作为、提升形象。

异地福建商会发挥网络优势和信息资源优势,广泛发动商会组织,全力支持产业项目对接工作。"民资回归"已成为福建发展和海西建设的重要渠道。据不完全统计,

2010 年为止已有 169 个异地商会的闽商回到福建投资兴业，有 3200 多个闽商投资 2100 多个项目，投资额超过 2500 亿元。仅在 2010 年第三届世界闽商大会期间，"民资回归"的投资金额就超过 100 亿元。闽商回归工程的成就赢得了各级领导的赞誉，也受到了社会各界的广泛关注。

一、"跨越机遇"吸引民资回流

从 2002 年起，善观时变、目光敏锐的异地闽商再次捕捉到福建全力推动跨越发展、加快海西建设带来的商机，回归创业热情愈加高涨。吸引异地闽商回乡创业的闽商"回归工程"，激励异地闽商在资本、资源、信息、人才、技术等方面回流，成为福建发展的重要力量。2002 年，莆田、长乐等地就着手行动，吸引在外地创业的本地籍企业家回乡投资。2004 年 5 月，首届世界闽商大会召开，搭建起异地闽商"联谊交流、共创发展"的平台。以此为开端，闽商积极关心、参与家乡建设，项目、资金、技术回流之势无可阻挡。2005 年，福建省委、省政府出台《关于全面提升民营经济发展水平的若干意见》，明确地提出"鼓励省外闽籍企业家回乡创业"，各地充分利用闽商资源，多方吸引闽商回归。根据福建省工商联经济部统计，到 2009 年底，全省有 169 个异地商会 3126 位异地闽商回家乡投资 2169 个项目，落地项目总投资额达 1517 亿元，项目涉及制造业、物流业、农业、旅游业、新能源业和基础设施等。福建民资回流成为福建跨

越新机遇的一个缩影。根据福州市工商联统计，至 2010
年，福州市"回归工程"有 9 家企业的 11 个工业项目列入全
市五大战役项目，投资总额达 173.67 亿元。福州已成为大
批民营产业入驻的"投资福地、创业热土"。泉商回归创业
的大项目也在增多，2010 年，超 5 亿元以上的项目就有 31
个，投资总额达 358 亿元。例如，泉州市惠安籍商人中标集
团董事长陈晓东将眼光从北京转向家乡，投入巨资，致力于
打造一个中标（南方）低碳产业园，从事建筑装饰制品及新
型装饰材料的研发及生产加工、仓储物流配送等以发挥家
乡建材产业优势，弥补区域物流"短板"。泉州市洛江区引
进的联泰集团南山花园和红星美凯龙项目、惠安县引进的
城南新区城市综合体项目、丰泽区引进的中国智造创意文
化产业项目等，投资额巨大，项目层次提升明显，产业领域
日益拓展。① 在龙岩，全球工程机械 50 强中国龙工集团先
后回乡布局 8 个重大项目，总投资超过 90 亿元，有力推动
了龙岩机械产业的发展。尤其是龙工配件园开工，标志着
龙工集群式发展有了新平台，开启建设世界级工程机械产
业基地的新征程。在宁德，乘国家支持海西建设和环三都
澳区域开发的东风，由蕉城广东商会会长王登乐任总裁的
新能源（香港）科技有限公司投资的高新技术产业项目——
新能源锂离子电池项目落户宁德，为福建省发展新能源产
业打开了一扇大门。

---

① 《闽商回归：资本热追"跨越机遇"》，《福建日报》2010 年 10 月 26 日。

二、产业整合提升闽商"回归潜力"

在海西建设上升为国家战略的背景下，随着福建大力推进跨越发展，福建省吸纳回归的潜力不断得到挖掘，为闽商回乡创业提供了良好的条件和巨大的空间。2010年后，福建省相继出台了《关于营造优良环境提供优良服务支持民营企业加快发展的若干意见》《关于进一步鼓励和扩大民间投资的若干意见》《关于全面提升民营经济发展水平的若干意见》等40条扶持优惠政策文件。

福建各级政府以项目带动的方式谋划"回归工程"，注重选资，注意引导与当地产业发展关联度高，有利于推动传统产业转型升级、延伸完善产业链的配套项目，产业链招商富有成效。福州市大力推动汽车制造业的发展，例如宜昌市福州商会副会长吴克岸任董事长的宜昌长江葛洲坝车辆有限公司在专用汽车生产方面，与八闽汽车总厂形成有效的产能对接，创办了福建八闽汽车制造有限公司，首期投资5亿元，在闽侯建新厂区，年可生产整车系列产品5万台，销售收入可达60亿元。引进这一项目，是着眼于带动一批汽车零部件生产企业的制造销售，延伸汽车产业链，增强福州汽车制造业的产业集聚效应。南安市引进的华源电镀集控区项目，可为解决水暖等行业污染问题开辟新途径，强化产业持续、集约发展的优势。永春县引进的一批服装、鞋帽项目，已初步形成产业集聚，完善当地产业结构。莆田虽林木资源较匮乏,但拥有发展木业的港口、人才、资本和网络优势,2011 年,莆商在全国经营木材者达 16 万人,创办木材贸易加工规模企业 750 多家。为吸引莆商回归,把林产加工产业做大做强,莆田在秀屿港设立我国首个海港口岸进口木材检疫除害处理区,年设计处理进口木材 300 万立方米。配套平台秀屿国家级木材加工贸易示范区随之建成,入驻 37 家企业,产业集聚效益明显提升,吸引古典家具、实木门等相关企业近百家。①

三、加强民营企业产业项目对接

闽商"回归工程"蕴藏着巨大的发展潜力和空间,吸引了大量的资本、项目、人才、技术回归,为福建跨越发展添砖加瓦。开展大型民营企业产业项目对接是推动福建省产业优化升级、促进福建跨越发展、加快建设海峡西岸经济区的重大举措。广大异地闽商积极投入民营企业产业项目对接活动,充分体现了统战部、工商联在围绕中心、服务大局,积极推进民营企业产业项目对接工作中态度坚决、行动迅速、措施有力。广大异地商会高度重视民营企业产业项目对接工作,认真实施民资回归工程,"以商招商""以企引企",广大异地闽商在发展壮大自身企业的同时,关心家乡的建设和发展。

---

① 《闽商回乡创业潮起八闽》,《人民日报(海外版)》2010 年 11 月 5 日。

　　为吸引更多民营企业来闽投资落户，福建省突出"抓龙头、铸链条"项目，建立和完善产业集群配套。在民营企业产业项目对接上，福建省重点面向先进制造业、战略性新兴产业、高新技术产业和现代服务业。对接项目针对福建省战略性新兴产业和制造业产业链发展的薄弱环节，瞄准拥有核心技术和自主品牌的具有较强实力和较大影响力的民营企业开展定向对接。同时，推进现代服务业项目对接，重点推进生产性服务、信息服务、金融、商贸、旅游、物流等产业项目对接，提升服务业发展水平。

　　与此同时，福建省通过三大举措，进一步健全和完善项目对接机制，落实并扩大项目对接成果。首先，在福建省经贸委产业协调处设立"福建省民营企业对接办公室"，福建省政府各驻外办事处和省（市、县）异地商会分别设立"民营企业对接联络处"和"闽商回归联络办公室"，加强与各地民企和闽商沟通联络，吸引民企来闽投资兴业，大力实施闽商"回归工程"。

　　其次，多形式地开展项目对接活动，进一步加强与异地闽商和国内大型民企的联系，力争有更多有影响力的民企重大项目落户福建，促进民企项目开工、投产，梳理项目，强化一对一跟踪、一对一服务。福建省各地积极创新机制，广铺引资网，搭建多层次的回归平台。如定期举行的世界闽商大会，已成为组织引导在外闽商回归的盛会；省内重大会展活动与"回归工程"有机结合，"9·8"投资洽谈会、"6·18"海交会等优势平台吸引异地商会组团参会；"闽商八闽行"

等活动,也为异地闽商回乡投资牵线搭桥。在国内外发展的新一代闽商,经过多年打拼迅速崛起,在资金、人才、技术、项目、信息等方面积累了丰富的资源。据不完全统计,截至 2010 年,在外投资兴业的闽籍企业家及从业人员有300 多万人,总资产约 1000 亿元,各级异地商会有 444 家。

南宁福州商会副会长、长乐籍企业家、南宁正泽贸易有限公司总经理陈美栋在参加福州市回归办在南宁举办的回归推介活动时,获悉福州正大力扶持高新技术产业发展,当即表示要投资 1.2 亿元,带回专利,在海西高新科技园区投资新能源项目。

由三明市工商联(总商会)牵头,各异地三明商会和三明市城区商会共同发起组建的明商集团,则是另一种发动异地商会回归创业的平台,首期募集资金 1.86 亿元。集团是对接项目、实施项目的综合性平台公司,希望利用这个平台吸引更多的资金回归。

最后,一批闽商项目整体回归。如深圳东桥表业协会闽商整体回归,在闽清县东桥镇投资 25 亿元建设钟表特色产业园;上海市福州琅岐商会回归家乡,在琅岐建设商会总部大厦;厦门市泉州泉港商会抱团返乡,斥资 10 多亿元,在泉港石化工业区建设工业气体生产供应项目,一期规模 4 万吨的煤制合成气,为园区项目提供氢、一氧化碳等气液工业气体产品等,充分体现了闽商回归投资的高度热情。

第四节　国内闽商的秉性与视界

中国改革开放不久，现代意义的商品经济刚刚起步之际，因商贸而诞生、也因商贸而发展的石狮市，就开始有人做起服装、工艺鞋、运动鞋，甚至女性胸罩的生意，办起"侨乡交易金"，立志将自己的产品推向上海等大城市的市场，然后再逐步推向北京等北方地区。今天，晋江人的服装、鞋帽生意已成燎原之势，"安踏"运动鞋，"利郎"商务休闲男装，"九牧王"西裤，已成享誉全国的著名品牌。

素有中国"犹太人"之称的福清人、长乐人，具有审时度势、敏锐观察经济走势、准确判断市场动向的能力。他们一旦发现重大商机，则当机立断，雷厉风行，敢赌敢拼。福清人属于最早涉猎海鲜生意、加油站生意和从事房地产开发的一批异地闽商。长乐人从事钢铁、纺织生意也由来已久。当白手起家，艰难经商，挖到第一桶金，并逐步扩大经营，积累原始资金之后，部分福清商人就开始在福州开发房地产。二十世纪九十年代末，福建沿海一带商帮敏锐地感觉到随着中国福利分房时代的结束，城市化进程将加快，人们对住房的需求定会迅速膨胀，并断定作为国际大都市的首都北京更是拥有无限广阔的房地产前景，便有越来越多的福建商人介入房地产开发，于是，韩国龙、许荣茂、杨孙西等人先后挥师北上,进军北京房地产市场,最终形成驰骋京城地产界的福建力量。这些新闽商的代表性人物,不仅事业腾达,体现了个人的人生价值,而且打造了辉煌的商业王国。

素以精明过人而又极其吃苦耐劳著称的莆田人,自中国改革开放初期就开始走向全国各地,先后多达七八万人闯荡北京经营原木生意,进而做起家具生意,特别是红木家具、仿古高档家具等。现如今,京城的木材市场,几被莆田商人垄断。医疗保健这一块市场,很少有民营企业家关注。但对市场空间判析入微的莆田商人,从走街串巷的游医开始,从治疗性病起家,进而在医院承包科室,最后发展到自己开办各类私人专科医院和临终关怀医院,并走向产业一体化,实行连锁经营。

新一代闽商不同于老一代闽商,他们在继承老一代闽商勇于冒险、艰苦拼搏、和气生财、顺应时变等优良传统的同时,更在借商参政,借政促商,捕捉信息,发现商机,多元经营,资本运作,以及借用外力、外脑,挂靠经营、连锁经营等方面有了新的拓展和提升。因此,即使面对 2008 年世界金融危机,依旧能沉着应对,化危为机,不断开拓新的投资项目,找到新的利润增长点。

智慧、眼光、韬略、胆量、分寸以及体现在行商过程中的超前的规划、深远的决策,运营中敢拼善赢、矢志不移、善于攻关、广结人缘、善于学习、不懈创新的理念与风格,成为闽商的特有素质。正缘于此,在外打拼成功的新闽商,总体而言都历经了生意由小到大,经营内容从单项到多元,企业规模不断扩大，市场份额不断增加的发展历程，直到少数成功闽商的主业形成垄断态势，立于不败之地。当然，他们在现今也面临着产品供大于求、市场竞争激烈、企业融资困难、原材料上涨过快、用工成本加大、行业准入门槛过高和第二代接班不易等经营管理难题。

当代国内异地闽商，以自己的胆识和智慧、敬业和韧性开辟自己的一方事业天地，创造了辉煌的业绩，树立了精明强干、赚钱有道的商帮形象，成为具有很高知名度和强大社会影响力的地域商人群体。然而在今天时代巨变，市场变幻莫测、竞争惨烈的年代，若想继续保持自身的竞争优势、实现基业长青的梦想，首先要认清大势，改变以往的企业发展模式，加快转变，升级换代，借助政策机会和科学技术，勇于自我创新，走科技含量更高、节能减排效果更好、附加值更加丰厚的企业发展道路。

其次要从家族管理模式向现代企业经营管理模式转变。要进行所有权结构调整，明晰产权关系，逐步打破"家"的狭隘观念，树立企业社会化的观念，让企业作为法人独立于家族而存在，并引进经营管理人才和高科技人才，实行合理授权，分层管理。只要做到家族对核心股权的实际控制和对重大事项的决定权，并辅之以有效的监控机制、考核机制、激励机制，完全能够逐步做到所有权与经营权的适度分离，使企业成为合伙人的企业、企业领导与员工的共同企业，乃至通过上市成为公众企业，以谋求企业更稳健、更快速的发展，保持基业长青。同时，在依靠资金、人才、人脉、产品优势,强化核心竞争力的同时,要更加注重推行企业文化,建立行之有效的管理平台和强化品牌的建设与管理,借助外部资源,整合各种优势力量,并充分利用现代营销手段,建立广泛的网状营销系统,实行市场扩张策略,并加强售后服务,以服务取胜于市场,创造新一轮的辉煌。

第四章
海外闽商

　　海外闽商可追溯至唐宋时期。宋元时期，泉州成为中国的世界海洋贸易中心。元代实行开放的外贸政策，带来泉州港的进一步繁荣，闽商贸易活跃，并开始定居于海外，积极拓展商贸往来。明代是闽商的全盛时期，闽商逐渐主导中国海外贸易。清代中后期以来，海外闽商在东南亚各地再次崛起。到 19 世纪后半期，他们在东南亚多数以"三把刀"（剪刀、菜刀、剃头刀）起家，而后从事零售、中介和批发业。有了一定的资本积累后，开始扩张运营，逐渐积累起相当规模的商业资本。海外闽商素有"海外第一大商帮"之称，历经数百年的发展，目前已具备相当的竞争力和国际影响力。据第三届世界闽商大会资料统计，到 2009 年底，在世界华商 500 强中，闽商占有十分之一强，已成为国际商界的一支劲旅。

第一节 海外闽商发展概况

据 2012 年世界闽籍侨领峰会的统计资料[①]，全球闽籍华人华侨超过 1200 万人，分布在 176 个国家和地区，在港澳也有 130 多万乡亲。在世界上 170 多个国家和地区近 6000 万华人中，有闽籍背景的人，占到了 60％以上。据福建省侨务办公室资料统计，截至 2010 年，福建实际利用外资 941.09 亿美元，其中侨资 680.16 亿美元，占福建全省实际利用外资的 72.27％。这些闽籍华人资产存量估计超过 3000 亿美元。仅东南亚新、马、泰、印尼及港澳台地区，闽商就多达 960 万。

东南亚是福建人漂洋过海创造财富的最集中的地方。如被誉为"华侨旗帜，民族光辉"的陈嘉庚；印尼华商、东南亚首富，集"面粉大王""丁香大王""金融大王"于一身的林绍良；被称为"万金油大王"的胡文虎；被誉为"世界糖王""酒店大王"的马来西亚郭氏集团总裁郭鹤年；印尼材源商集团董事主席、被誉为"船王""木材之王"的黄双安；菲律宾

[①] 2012 年 10 月 8 日世界闽籍侨领峰会暨《闽声》杂志创刊仪式在福州举行，福建省委常委、宣传部部长袁荣祥，副省长倪岳峰以及来自海外 20 多个国家和地区的闽籍侨领代表和福建省有关部门领导共 100 多人参加会议。

商联总会永久名誉主席、菲律宾航空公司董事长、人称"银行大王""烟草大王""啤酒大王""航空大王"的陈永栽；在东南亚有"水泥大王""面粉大王"之称，在国内又被誉为"地产大王"的林文镜……

经济全球化时代，知识型海外闽商迅速崛起，他们的适应能力、开拓性很强，发展后劲足。他们主要从事高科技和企业管理工作，不少人已崭露头角。如匈牙利郭氏集团，在东欧以及北美、巴西等地设立十多个高科技子公司，年营业额数亿元；李少荫博士任美国气溶胶协会会长；新西兰科学院院士高益隗教授获得国际技术发明奖金奖和第二届国际"爱因斯坦"新发明、新技术产品金奖……这些新一代闽商在高科技产业化领域取得了令世界瞩目的成就。

一、东南亚地区闽商发展概况

东南亚的闽商多是旧移民，经济实力强大，根据《中国经济周刊》2005 年 4 月的报道数据，全球 500 强华人企业，福建占了近 100 家；菲律宾华人企业前十名中，就有 6 家是闽商，印尼富豪榜前 500 位中也有 6 成属于福建商人。[1]

---

[1]　张俊才、张娟娟：《徽商晋商谢幕，闽商开始风行天下》，《中国经济周刊》2005 年 4 月 25 日。

(一)20 世纪 50 年代初至 70 年代末

海外闽商大多是从小本生意做起,一点一滴地赚钱,待有所积蓄时,才创办自己的企业。有的是向亲朋好友借贷,有的是几个人凑在一起合股办企业。如马来西亚闽商林梧桐在创立云顶集团前,先是做过沿街叫卖的小商贩,后来靠收购废铜烂铁生意开起了夫妻店。在有了一定积蓄后,及时创办了建发公司,开始承包政府的各种工程,又把赚来的利润用于发展种植业,实现了企业的良性互动发展。

经过第二次世界大战的洗礼,许多国家和地区遭受到严重的破坏,迫切需要重建家园,出现了严重的物资短缺现象。特别是新加坡作为世界性的贸易转口大港,每天都有大批的外国船只经过,需要各种物资补给,无疑将产生购买日常用品和设备的大量机会。新加坡的不少闽商基于判断而捷足先登,纷纷筹资收购五金、建筑材料和轮船配件等一系列战争剩余物品,并伺机出货,在短短几年间就积累了相当可观的财富。后来,他们利用赚来的钱创办公司,把企业经营重点转向房地产业、建筑材料业。

海外闽商往往在挖得第一桶金后并不止步,而是把投资领域进一步扩大,在分散风险的同时获得更多的利润。马来西亚闽商林木荣家族,在 20 世纪 50—60 年代主要经营锡矿。在略有盈利后,就把积蓄用于购买新的矿山,以后转向发展种植业、房地产业。

从 20 世纪 60 年代起,为了摆脱殖民统治,建立自主发展的经济体系,东南亚国家先是实施进口替代工业化政策,保护和扶持国内进口替代品生产,后又转向发展出口导向型工业。此时部分在殖民时期充当中介商的闽商,经营起当地杂货、零售等商业,虽然他们的经济实力一般,但较从事农作物种植的原住民收入要高。为此,东南亚各国政府尤其是印尼、菲律宾等国,相继出台一系列限制、排斥华侨在商业领域发展甚至生存的法规、条例。为摆脱被排斥、被歧视地位,更好地参与住在国的经济建设,许多闽商相继加入所在国国籍。海外闽商在当地的发展环境得到改善,除部分闽商继续投资受限制的商业领域外,大多数都转向投资政府鼓励的工业制造业领域,开始涉足工商企业,并涌现出一批多元化经营的企业集团,初步建立闽商发展的经济基础。但这一时期的闽商企业规模普遍偏小,组织结构简单划一,国际化水平低。家族式的企业管理模式、有限的经营范围,是这一时期闽商企业的主要特点。

进入 20 世纪 60 年代后,随着新加坡经济的快速增长,地皮和建筑材料成为热门货,海外包括闽商在内的各地华商适时经营地产和大宗材料,随着 20 世纪的油荒和货币贬值,出现了物价"水涨船高"的现象,这又让新加坡闽商赚进不少钱,不少人因此而致富。

（二）20 世纪 80 年代初至 90 年代中期

20 世纪 80 年代初至 90 年代中期的东南亚各国经济

进入高速发展阶段,工业化进程进一步提高。为了保持经济的持续稳定发展,促进与发达国家的产业升级接轨,东南亚各国积极调整产业结构,着重发展基础工业、重化工业和技术密集型的加工工业,积极推行自由化、私有化政策,并放松管制,放宽外商及华人投资领域的限制政策等。在这样的有利形势下,闽商企业集团承担大型建设项目,取得大型项目的经营权,资本积累快速扩大;与外国资本合作,成为外资在其居住国的重要合作伙伴,企业规模迅速壮大,并向跨国化发展;采取收购、兼并和参股等资本运营形式,扩大企业经营领域和范围,形成自身经济资源的优化组合,逐步实现企业经营多元化、国际化和收益高增长,使得闽商整体实力得到快速增强。

为了企业的生存和发展,海外闽商付出的努力和代价是常人难以想象的。20 世纪 80 年代初,马来西亚林敬奎旗下的美佳第一铜业公司上市。后因市场变化蒙受重大损失而被撤销上市公司的资格,公司发展处于十分不利的境地。但林敬奎没有打退堂鼓,而是及时地进行反思,几经努力,公司业务迅速走向多元化。在短短两年间,先后收购益东控股 41.5％股份及其旗下著名油脂化工企业——酸化(马)有限公司的 75％股权。20 世纪 80 年代后期,马来西亚林木荣家族看准发展的机会,收购马化控股机构,企业的经营范围也扩展到锡矿、石油、建筑、房地产、金融等行业,因此建立了庞大的企业集团,一跃成为马来西亚最大的华人集团之一。

(三)20世纪90年代中期以后

20世纪90年代中期以后的东南亚各国,更多依赖于劳动力和资本的投入以带动经济高速增长的模式,难以持续推进各国的经济发展。20世纪90年代后半期,东南亚各国先后推出旨在提升经济发展中的科技含量的一揽子政策,逐步实现经济增长方式由投资驱动转向以技术创新驱动为主。随着日益雄厚的资金、技术、人才和网络优势的逐渐形成,闽商成为住在国政府推动科技发展、实现产业升级的重要力量。另外,他们还积极参与所在国大力推行的海外投资计划,包括扩大制造业和通信等投资领域、增加对美国等地的投资等。在1997年东南亚金融危机爆发后,海外闽商更加注重对现有传统产业及经营方式的改造。在不断提高传统产业科技含量,进军高科技产业的同时,应用现代资本运营方式,在家族经营管理模式中引入任人唯才机制,并逐步消除企业经营多元化、国际化发展战略过程中的盲目性,促进东南亚有形资产与欧美国家无形资产的优势互补,经过强强联合等方面的运作,实现企业规模化经营,国际竞争力不断增强,海外闽商经济逐步走向成熟化。

二、欧美日等发达国家闽商发展概况

中国改革开放以来,闽商逐渐往美国、欧洲、日本等发达国家和地区寻求商机。这些闽商的走向有很明显的"连锁效应",比如,明溪县近 10 万人开赴欧洲匈牙利和捷克;长乐人基本去美国;福清人到日本居多。虽然新移民多选择美国、加拿大、欧洲和日本等发达地区,但闽商在东南亚的实力并未因此动摇。近年来,闽商经营领域不断扩大,发展到超市、进出口贸易、房地产、现代化农场和制造业等部门,经济实力也在快速增长。

欧洲闽商重点经营餐饮、服装、贸易等行业。匈牙利是中国商人 20 世纪 80 年代末、90 年代初开始在中东欧打天下的地方,现有华侨华人 2 万多,其中闽商约有七八千人,他们大多经营超市或集中在"四虎市场"做贸易。在意大利的米兰、罗马两个城市,闽商主要经营餐馆、店铺和网吧。

海外闽商吃苦耐劳,大多从餐饮业等传统行当发家,尔后转向零售、中介和批发业,并取得很大的成功。美国闽商名流陈清泉就是众多在海外奋斗的闽商的缩影。1955 年出生在福建长乐的陈清泉,1977 年移居美国,他不会英语,最初在餐馆里当服务生,一边打工一边学习,一年后和朋友合股开快餐店,渐渐形成了几十家中餐连锁店。就这样从经营餐馆起步,到涉足房地产、进出口贸易。

在纽约,福州话使用者超过普通话;仅纽约一地,就有 30 万福建人,大多居住在华盛顿、新泽西等繁华之地,从事餐饮、贸易等行业。2010 年已有 3 家闽商企业跻身华人在美企业的前 10 名。据美国福建长乐同乡会会长王博远统计,截至 2006 年,长乐留美同胞有 30 多万人,他们在美国创立企业近两万家,每年从海外汇回资金约 10 亿美元。

2012 年,在日本的外籍商人中,中国商人共有 47 万,仅日本冲绳一地就有近 20 万人,几乎占了在日华商的半壁江山。[①] 位于日本最南端的冲绳县,不少商店播放着闽南语演唱的《爱拼才会赢》,很多风俗习惯和福建完全一致,农作物种类及部分方言也和福州的别无两样。很多说着日文的闽商后裔仍然以中国式礼节推销自己的商品和服务。因此,从一定意义上说,冲绳是闽商的天下。

在中南美洲,闽商主要经营中餐馆、杂货铺和洗衣店等。据《2007 年世界华商报告》,阿根廷华人超市有 4000 余家。另据阿根廷华人超市公会资料:到 2008 年底,阿根廷华人超市数量增至 7890 家,销售额 150 亿比索(约合 42.86 亿美元)。阿根廷福建商会宣称,闽商完成了对阿根廷超市 80%的"垄断"。

三、海外闽商分布情况

东南亚是海外闽商的根据地,也是海外闽商创造财富的集中地,出现一大批富有影响力的闽商,主要分布在马来西亚、印尼、菲律宾以及新加坡,这些闽商在所在国和居住

---

① 中国驻日本大使馆经济商务处:《日本商务通览》,成都:四川大学出版社,2012 年,附录 2《在日中国企业介绍》。

地的经济中发挥着重要作用。菲律宾财富排名前 10 位的华商中有 6 位闽商,占了 60%,印尼财富排中前 500 位商人中也有 60% 的闽商。中国改革开放以来,闽商则多往美国、欧洲、日本等发达国家和地区走,而且转移趋势明显,这些地区的华商力量逐渐强大。

表 4-1　2010 年全球主要国家闽商分布情况一览表

国家	闽商数量	祖籍地	主要闽籍华人社团	代表企业
马来西亚	287.3 万	福州、闽清、古田、晋江、惠安、南安、永春、安溪、厦门、龙岩	福建社团联合会及其属会、马来西亚安溪总会、马来西亚福州社团联合会	郭氏集团、丰隆集团、信和集团、云顶集团
印尼	247.2 万	福清、莆田、安溪、同安、龙岩	印尼雅加达闽籍社团联合代表团、印尼雅加达福清公会、印尼安溪福利基金会	三林集团
菲律宾	160.7 万	晋江、石狮、南安、惠安、泉州、福州	菲律宾福建总商会、菲律宾晋江同乡总会、菲律宾福州同乡总会、菲律宾南安公会、菲律宾菲华泉州公会	陈永栽集团
新加坡	140.98 万	福州、厦门、南安、安溪、惠安、晋江、永春、漳州、龙岩	新加坡福建会馆、新加坡安溪会馆、新加坡莆田会馆、新加坡福州会馆、新加坡晋江会馆、新加坡永春会馆	华侨银行、吉宝达利银行

续表

国家	闽商数量	祖籍地	主要闽籍华人社团	代表企业
美国	41.3 万	福州、长乐、福清、泉州、同安	美国福建商会、福建同乡会、北美洲福建同乡社团联合会、美国美东福建同乡会、美国福州十邑同乡会	
缅甸	33.02 万	南安、安溪、惠安、厦门、龙岩	缅甸旅缅福建同乡总会、南安同乡会、安溪会馆	
泰国	23.6 万	闽南、福州	泰国福建会馆、泰国福州十邑公会	
日本	18.2 万	福清	日本东京福建同乡会、日本神户福建同乡会、日本横滨福建同乡会、日本京都福建同乡会	
越南	11.9 万	闽南	越南福建会馆、胡志明市永春会馆和温陵会馆	
加拿大	6.22 万	福州、福清、宁德、龙岩	加拿大福建华联总会、加拿大福州同乡会、加拿大福建商会、加拿大福建会馆、加拿大加东福建同乡会	
澳大利亚	5.4 万	福州、福清、莆田、晋江、南安、惠安、龙岩	澳洲福建会馆、澳大利亚福建工商联谊总会、澳大利亚福建同乡会、澳大利亚福建同乡总会、澳大利亚福建总商会	

资料来源:廖萌:《闽商海外发展概述》,《八桂侨刊》2011 年第 2 期;新华网新华社区发展论坛,http://forum. home. news. cn/detail/79389708/1.html。

第二节　海外闽商网络

海外闽商远离故土,在世界各地创造出一个个奇迹,是
与他们相互扶持、崇尚团结协作的精神分不开的。"哪里有
钱赚,哪里就有闽商的影子。"闽商走南闯北,共同寻觅财富
机会,形成了极具实力的闽商团队,不仅在国内外占有重要
席位,而且实现了资源共享,形成优势互补的产业集群。福
建有句俗话叫"出去一个,带出一帮",而且出去的人大多从
事同一个行业,所以在外容易形成地域性的商团。这些商
团普遍以亲缘、地缘、血缘等来维系。以亲缘为例,早在唐
代,福建就有氏族经商传统,如永春颜氏家族的从商者约占
40%,其家族成员大都前往南洋槟榔屿等地从商。在商业
发达的晋江一带,家庭式经营更为普遍,子承父业形成了风
尚。以文缘为例,以南音为代表的泉州海丝文化成为世界
闽商的共同乡音,共同的文化爱好,形成了文缘网络。以地
缘为例,福建同乡会和福建宗亲恳谈会遍布世界各地,成为
凝结闽商的重要纽带。以神缘为例,妈祖崇拜成为闽商最
为典型的文化标记。据不完全统计,截至 2010 年,全国有
300 多个县市保存着天后宫或妈祖庙,在世界范围内的天
后宫或妈祖庙有近 5000 座。因此,海外闽商形成了特定的

商业网络和社会关系网络。①

一、海外闽商商业网络

海外闽商在长期的企业经营中逐渐形成了纵横交错、跨行业和遍布世界各地的庞大商业网络。

一方面是海外闽商受中国传统文化影响,在企业的经营管理中实行多元化发展战略,把经营范围扩展到许多行业,以此来分散和防范各种风险。例如,石狮籍菲律宾著名华商吴奕辉经过多年的拼搏,建起了一个经营范围广大的企业集团。其中包括面粉厂、食品厂、饲料厂、罐头厂、制糖厂、纺织厂、水泥厂、电子厂、石油化工厂、发电厂以及百货公司、银行、报纸、电视、通信、旅馆和房地产业,还有菠萝种植园、家禽饲养场等等,涉及了工业、农业、商业、金融、通信、旅店和房地产等许多领域。还有祖籍同安的新加坡著名华商郭芳枫的丰隆集团,该集团以经营五金、轮船用具和漆料等贸易起家,逐渐发展成为一个经营范围包括进出口贸易、水泥制造、橡胶种植、酒店、房地产、金融、保险等领域的多元化企业集团。许多海外闽商通过多元化发展战略,扩展了企业的经营范围,形成一个跨行业的庞大商业网络。

另一方面是海外闽商顺应二战后的时代发展潮流,跨

---

① 黄瑛湖:《海外闽商的网络资源及其发掘利用》,《福建论坛(人文社会科学版)》2011 年第 11 期。

出国门实行国际化经营战略。他们纷纷在国外设立众多的
分公司、子公司,把经营触角伸向世界各地,形成国际性的
商业网络。20 世纪 80 年代后,晋江籍的菲律宾著名华商
陈永栽,开始把企业向国际化经营的方向发展,在世界各地
设立许多跨国公司。如在中国香港的福川贸易公司、新联
财务公司、裕景房地产公司,厦门的商业银行、房地产公司,
北京、上海等地的 10 多家啤酒厂,台湾的福川烟草机械公
司;在北美洲美国的海洋银行和地产公司,加拿大的地毯
厂、炼钢厂和药房;在大洋洲巴布亚新几内亚的烟叶和薄荷
种植场、畜牧场、炼铁厂、轧钢厂;在关岛的面包厂、游乐场、
商场和休闲中心,使其在海外所设立的公司多达 50 多家。
因此,陈永栽国外企业的投资规模,并不逊于他在菲律宾国
内的事业。福州籍的马来西亚著名闽商郭鹤年,其旗下郭
氏兄弟企业集团的海外投资也遍布世界五大洲,包括中国,
东南亚的新加坡、马来西亚、泰国、缅甸、菲律宾、印尼,北美
洲的美国、加拿大、墨西哥,南美洲的智利,欧洲的英国、法
国、德国,大洋洲的澳大利亚、斐济等 18 个国家和地区,形
成一个庞大的跨国企业集团。海外闽商庞大的多元化、国
际化的企业集团比比皆是。福清籍印尼著名闽商林绍良的
三林集团旗下就拥有 400 家左右涉及多种行业的国内外子
公司或分支机构,仅中央亚细亚银行就有 400 多家国内外
分行、支行及办事处。郭鹤年的郭氏兄弟企业集团也在国
内外拥有 200 多家企业,旗下的太平洋航运和嘉里船务两
家公司,就是各自拥有几十家子公司的航运集团企业。陈

永栽的联盟银行集团旗下,也在菲律宾和世界各地拥有128家分行和代表处、保险公司。海外各地的闽商企业集团,就是通过旗下众多的分公司、子公司、办事处等机构,各自形成遍布国内外多种行业的庞大商业网络。

在多元化、国际化的发展战略进程中,许多海外闽商之间或闽商与其他省籍的华商之间互相进行投资参股,或者合作创办各种企业。例如,在林绍良的企业发展进程中,就一直有他的宗亲和乡亲的相伴前行。从1957年起,他就和既是福清老乡、又是林氏宗亲的林文镜合作,共同在印尼雅加达创办中亚银行等许多企业,林文镜也因此长期成为林绍良企业集团的重要合伙人,在三林集团所创建和经营的各个公司里,都拥有不同的股份。同时,林绍良也和泉州籍印尼金光集团创办人黄奕聪合资合作,建立万雅佬比东炼油厂,创办棕榈、椰子种植园,开发印尼的月岛、峇淡、宾丹、廖内四岛,创办工业村和养猪、养鸡、养鳄场以及兰花和各种水果种植园。林绍良还和莆田籍印尼力宝集团创办人李文正、泉州籍印尼耶雅集团创办人徐清华等人合资合作,从事银行、房地产等行业的经营。另外,林绍良还和新加坡、泰国、中国香港等国家和地区的华商合作,建立贸易和资金融通等关系。特别是在资金方面,他得到潮州籍泰国华商陈弼臣的盘谷银行许多帮助。不仅如此,海外闽商还与当地土著商人,以及其他国家的外商进行各种合资合作。以菲律宾著名闽商吴奕辉为例,1987年,他与土著洛佩斯家族集团携手收购菲律宾国际商业银行52%的控股权,以后又合资组建菲律宾第一电力公司。1993 年,他与英国电报与无线电公司合作,经营菲律宾数码电讯公司,在吕宋地区从事程控电话业务。翌年,他又与外商日本丸红公司合作投资,建立生产聚乙烯和聚丙烯的石油化工厂。安溪籍马来西亚著名闽商林梧桐也有许多这样的合资合作,如与该国先进协作公司合作,在巴布亚新几内亚发展油棕等作物种植及其加工业;与澳大利亚当地资本合作,在西部的珀斯、南部的阿德莱德投资 1 亿多澳元,建立 BIR 和 AC 公司,经营酒店和博彩业;与菲律宾的美达公司合资 1 亿美元,在该国苏比克湾经济特区兴建一家酒店兼赌场。

总之,闽商与闽商、闽商与其他省籍华商、闽商与当地土著商人、闽商与其他国家外商之间合资合作,共同创办各种公司,经营和发展企业的情况在海外各地十分常见。海外闽商通过与这些不同籍贯的商人进行各种合资合作,扩大了各自商业网络的外延,并使自己的商业网络与其他商人的商业网络互相交错,连接成一个规模更大、范围更广的商业网络。

二、海外闽商的社会关系网络

中国人都很重视构建自己的社会关系,并在日常生活中努力扩大这种关系。在这种传统文化的影响下,移居世界各地的中国人,都会在当地重建并努力扩大自己的社会关系,以求在人生地不熟的异国他乡互相帮助,更好地在当地生存和发展。因此,除了工作、生活中经常交往的老乡、同事、邻居等自然形成的社会关系外,他们还会通过其他各种渠道,努力扩大自己的社会交往圈,认识更多不同身份、不同社交圈的人士,有效地扩大自己的社会关系网络,进而组建各种华侨华人社团。

海外闽商扩展社会关系网络的方式之一是在各国组成同乡会、宗亲会和总商会等社团。而且,这些社团也基本是由那些事业有成、经济实力雄厚的海外闽商发起组建,并担任领导职务的。海外闽商可以通过社团这个平台,认识数量更多、距离更远的乡亲、宗亲和同行,扩大自己的社会关系网络。二战后,各国的闽籍华侨华人社团也纷纷顺应国际化潮流,联合组成一些世界性的同乡会、宗亲会和总商会,使他们各自的社会关系网络外延扩展到世界各地。

海外闽商扩展社会关系网络的方式之二是与当地政府官员和各界人士建立良好的个人情谊和私交关系。例如,福州籍的马来西亚著名闽商郭鹤年的父亲郭钦善于交际,他不但是马来西亚柔佛州首府新山的侨领,与柔佛苏丹依布拉欣及当地王公、贵族的关系良好,并且同该国前总理侯赛因·奥恩的父亲、执政党巫统的创始人达图·翁也关系密切。在日本占领期间,安溪籍马来西亚著名闽商林梧桐在柔佛州与时任巴株巴辖助理行政官、独立后任马来西亚国会议长的哈芝·穆罕默德·诺亚·奥马尔建立了良好的私交关系。莆田籍闽商、印尼金鹰集团创办人陈江和也在该国政界拥有丰富的社会关系资源。他与印尼前总统瓦西德的关系良好,1999 年曾随瓦西德总统访华;又与印尼前总统梅加瓦蒂及其丈夫陶菲克也有良好的私交关系,曾促成总统夫妇先后访问福建省。澳大利亚福建总商会副会长兼秘书长、福清籍闽商叶方也通过带领社团和乡亲积极参加当地的政治选举,而赢得该国朝野政党的尊重和重视。因此,他不仅和该国前总理陆克文、吉拉德等政界要人都保持着良好的互动关系。

海外闽商当中也有部分进入政界,担任所在国中央或各级地方政府要员。印尼第八大企业 Bob Hasan 集团创办者、祖籍福州的郑建盛曾是印尼奥林匹克协会主席,20世纪 90 年代被当时的印尼总统苏哈托选任为工业部长。祖籍南安的菲律宾华人大班杨应琳也曾在科拉松·阿基诺总统执政期间,被任命为菲律宾驻华大使。这些闽商由于参政而进入高层,有条件与政界、商界等各方面人士互相往来,更加有利于为自己建立新的、更多的社会关系,扩展自己的社会关系网络。

经过长时间的发展,海外闽商各自拥有或大或小的社会关系网络。由于工作和生活等各种需要,他们彼此的社会关系网络又往往互相连接、纵横交错,最终形成一个遍布海外各侨居地的广大社会关系网络。

第三节　海外闽商资本

海外闽商企业具有一定的规模优势。在东南亚国家，几乎所有的华人企业集团都有跨国投资行为，资本扩张规模快，到 20 世纪 90 年代中期，有些闽商企业集团的国外企业数甚至超过国内企业。金融危机后，多数华人企业大幅缩减跨国投资规模，通过归核、转移、购并等重构调整，资本跨国扩张逐渐稳健，但投资的区域局限性仍相当明显。

据《亚洲周刊》"国际华商 500 强"资料统计，扣除台湾地区企业外，2003 年度的 264 家华商企业中，属于闽文化圈的有 101 家，累计资产总额 2560.1 亿美元，分别占到上榜企业数和资产总额的 39.9％和 36.8％。而《福布斯》2004 年 2 月 26 日公布 2003 年最新全球富豪排行榜，坐拥 10 亿美元以上资产的全球富豪共有 587 人，其中华裔 39 人。除开中国台湾与香港 25 人外，其他 14 名华裔商人中有 9 人为福建籍。除上述的部分闽商外，还有远东集团的黄廷芳家族、华侨银行的李成伟家族、大华银行的黄祖耀、银行家邱德拔、云顶集团的林梧桐、丰隆集团的郭令灿家族、常青集团董事主席张晓卿等人。

海外闽商经历了长期的发展，积极参与国际竞争，已经具有强劲的竞争力和国际影响力。世界杰出华商协会公布的"2010年全球华商富豪500强"中排名前20名的闽商就有7位。具体如表4-2所示：

表4-2　2010年全球华商富豪500强中的闽商

序号	排名	闽商	企业	主要产业	国家（地区）
1	4	郭鹤年	郭氏集团	食品、航运、传媒等	马来西亚
2	5	黄志祥家族	远东机构	房地产、酒店、投资等	新加坡
3	7	黄惠忠兄弟	香烟集团	烟草等	印度尼西亚
4	13	蔡宏图兄弟	国泰金控	保险、金融等	中国台湾
5	15	郭氏家族	良木酒店	酒店等	新加坡
6	16	蔡万才	富邦集团	金融控股等	中国台湾
7	20	施至成	SM集团	百货、银行、房地产等	菲律宾

下面我们详细分析这些闽商的资本运营特点。

一、海外闽商企业的跨国投资特点

1.多数企业以香港及东南亚为重要基地

在上榜的103家企业中，公司总部在香港的18家，除3家香港本土企业外，其他15家闽商企业都在香港设立桥头堡，10家企业将总部设在东南亚。

2.以投资亚洲发展中国家和地区为主

按国外资产排序，在2001年发展中国家（地区）前25

名非金融机构中,上榜的闽商企业 3 家,分别为:香格里拉亚洲,国外资产 36.06 亿美元,跨国指数 79.9％;城市发展,国外资产 28.7 亿美元,跨国指数 63.4％;第一太平公司,国外资产 20.07 亿美元,跨国指数 99.3％。这些闽商的产业优势分别为第三产业及第二产业中的劳动、资金密集型行业。闽商资本在第三产业占有绝对优势,尤以传统的金融业、房地产、酒店与餐饮业、贸易与零售业等最为突出;第二产业以农副产品为原料的加工制造、建材制造及部分重化工业为主。这种对外投资行业布局,与闽商产业发展结构基本吻合。

3.闽商企业逐步减少对金融、房地产业投资,继续增加对电子、电讯、旅游业投资,实现资本新扩张

2003 年度,在电子信息业上榜企业减少 3 家情况下,资产额却增加 18.14 亿美元。以印尼三林集团为例,1998 年度上榜企业 4 家(印尼水泥、印多福食品、香港第一太平公司及第一太平银行),主要业务领域为市场分销、电讯、地产和银行等。2003 年度,三林集团上榜企业增至 7 家,除印尼水泥、印多福食品外,包括电讯 2 家,电子 1 家和房地产 2 家,经营主业由银行业转为电子与电讯业。2001 年第一太平公司跨国指数达到 99.3％,在发展中国家和地区位居第一。

二、海外闽商的资本特质

海外闽商尽管分属不同国家、不同行业和不同规模的企业,但他们都有着相类似的商人特征和资本特质。[①]

一是相同的文化背景。闽文化主体是中原文化,经过长期的博弈实践和不断磨合、扬弃和锤炼的过程,形成糅合汉、回、越各族群人文特征的文化体系,有较强的兼容性和开放性。在这种文化背景下,闽商有较强的适应性,能够吸收世界优秀文化为我所用,推动事业不断发展。

二是有较强的资本配置能力。闽商的发展是财富集聚的过程,也是经商理念和智慧的累积过程,由此形成的资本总量和资源配置能力,构成闽商经济实力的现实基础。闽商历史悠久,由于地缘、亲缘等因素作用,他们主要沿着"海上丝绸之路"下"南洋"谋生,闽商豪富也集中在东南亚国家,尤以新加坡、马来西亚、印尼和菲律宾为主。

三是拥有较紧密的商业网络。与其他的华商一样,闽商在初涉海外商界时,往往会遇到各种不利因素,不得不依靠同乡、同族关系营造商业网络,实现"抱团"作战。目前,虽然经贸关系发展具有较强的开放性,但由于文化观念影响,尤其同宗、同文、同乡总会给人信任感和安全感,许多闽

---

① 李鸿阶、林心淦:《海外闽商资本研究及其政策建议——以"国际华商500"为例进行分析》,《亚太经济》2005年第3期。

商还是喜欢在同族同乡的商业网络内寻找合适的生意伙伴。

四是家族企业优势明显。家族企业有其独特优势，能够根据财富规模、经济环境变化，与其他资本组织实现兼容发展，强化财富的集聚作用。一方面，家族的继承性能使财富长期积累，也使企业行为更具长远性，避免急功近利；另一方面，保持家族组织的完整性，可以避免财富在继承过程中分化瓦解，有利于聚合财富，实现财富扩张。

五是实业与金融并举。实业资本是财富创造的基础，金融资本对财富扩张有加速器的作用。海外闽商多数靠实业起家，虽然经历亚洲金融危机的沉重打击，企业资产大为缩水，但根基不倒且可重振雄风。金融资本能够促进财富转移，加速财富集中，又是资本扩张的支柱，有利于企业并购发展。许多闽商稍有实力后就涉足金融业，实现实业与金融并举，使财富实现滚动集聚。

六是善于运势制胜。闽商善于借势，化不利的政治环境为有利因素，加强与政府合作。从殖民统治时期的"买办"到在所在国独立后对华侨华人经济的限制排斥政策下寻找新出路，再到与政府资本合作等，都是闽商运势制胜的智慧结果。随着经济全球化发展，各国经济已经跨越国界和区域限制，在长期的经济竞争合作中，闽商能够运势制胜、大有作为。

第四节　海外闽商对国内的影响

　　海外闽商在福建本土数百年来的捐赠,对辛亥革命、抗日战争乃至改革开放的支持,都体现着海外闽商特有的爱国爱乡情怀。改革开放后,随着中国国际地位的不断提升,海外华侨华人努力创业,与祖籍国同进步、共发展。一代代闽商秉持着"爱拼会赢"的理念,以勤劳、智慧和奉献,为福建家乡乃至全国的发展做出了巨大的贡献,也时刻鼓舞着新一代闽商。当前,全世界华人经济的形成和发展让世人瞩目,海外闽商的影响力更是不容忽视。

一、传统海外闽商扩大在华投资布局

　　在中国加大开放步伐之后,资本实力雄厚的闽商在中国也获得更大的发展空间。随着中国零售业逐步向外商开放,菲律宾著名闽商企业 SM 集团首先完成了在福建的布局,随后,四川成都、山东济南、江西南昌和云南昆明的 SM 购物中心也相继营业,进入全国性扩张的新阶段。许多像 SM 集团掌门人施至成这样的传统闽商越来越重视回国内投资,也正得到越来越多的机会。他们当中包括林文镜、陈江和、陈永栽等海外闽商。

从 20 世纪 90 年代中期起,菲律宾著名闽商陈永栽就开始在内地拓展房地产业务,但发展一直缓慢。据统计,2005 年,陈永栽财团在内地储备的土地达 200 万平方米以上,总投资额约人民币 50 亿元。借助在上海推出裕景国际商务广场房产项目的机会,陈永栽开始加快项目运作,展开在内地房地产市场的布局。

祖籍福建莆田的闽商、新加坡金鹰国际集团主席陈江和愈来愈看重中国市场,在中国频频出手,在纸浆、造纸、粘胶纤维和能源行业投资巨大。其中广东江门造纸厂投资达 20 亿美元,是广东省第二大外资项目;江西粘胶纤维生产厂,拥有亚洲最大规模的粘胶纤维生产及研发设施。陈江和的发展模式是利用东南亚丰富的天然资源来中国加工,建立世界性的有竞争力的基地,生产的产品不但可以供应中国,还可以出口世界各地。为了近距离甚至是零距离地指挥中国的业务,陈江和把金鹰大中国区总部从香港搬到了北京,并在上海设立公司、福州设立办事处,其分工各有侧重。在金鹰大中国区的构建中,北京总部以资讯、项目审批和融资为主。上海公司是金鹰大中国区的服务管理中心,对该集团所拥有的财物、法务、人事、行政资源集中管理。福州办事处侧重在福建省的项目拓展和融资,亚太资源集团则重点开发在广东、山东、福建和江苏的一体化浆纸项目。

二、利用海外闽商的侨汇再投资

改革开放后,许多闽籍华侨华人像祖辈那样,走出国门创业海外。这些新移民的走向明显具有"扎堆"特点。据了解,明溪人多移民到欧洲的匈牙利和捷克,许多长乐人移民到纽约,日本则以福清人居多。

大批闽籍新移民在国外经商、务工,形成庞大的新一代闽籍华商群体。美国索浪达(集团)公司总裁陈春风表示,在纽约使用福州话的人多过讲普通话的人,截至 2006 年,30 万福建人在纽约经营餐饮、贸易和实业;美国华人企业最具规模的前 10 名中有 3 家是闽商。但是,新闽商多以经营中小企业为主,还不具备传统闽商那样的经济实力。于是在维持生意之余,他们不能像传统闽商那样大举回乡投资。对于家乡,他们的贡献形式主要是侨汇。据统计,仅福清市,2004 年就从日本汇回 30 亿元人民币,从美国汇回的侨汇有 10 亿美元。美国西递银行在福州增设了网点,主要就是为闽商的外汇业务服务。然而侨汇存在着被挥霍浪费的情况。福清市的旅外乡亲曾感叹:已有约百亿美元的侨汇被浪费,家乡亲人不懂投资或者根本没有投资意识,多数把侨汇用来盖房子、建豪华坟墓,或是吃喝玩乐。作为世界福清同乡联合会领导人的林文镜决心改变这种状况。他提出吸引新侨把小额资本集中起来投资的新思路,并且通过自己率先投资、成功后无偿转让给新侨等方式,引领新侨投资实业。经过林文镜的努力,2003 年,50 多亿元新侨资金投入到江阴半岛的开发。另外还有约 200 亿元新侨资金投资重庆,参与西部大开发。特别是江阴半岛的开发对福建海洋文化的发展起了巨大的推动作用。[①]

1986 年底至 1987 年,旅居海外的融籍闽商,组织了一个工商考察团回国考察。此行考察使海外融籍闽商敏锐地看到中国改革开放的发展大背景、中国经济将迅速崛起的大趋势以及中国潜藏着的巨大市场和无穷商机,意识到海外融籍闽商应该抓住这个发展机遇,带些大项目到祖籍地来做。但同时,考察也使他们清楚看到了祖籍地经济社会的发展水平仍很低下。福清的综合经济实力当时只居于全省 69 个县(市)的第 62 位,福清农村人均纯收入低于福建省和福州市的平均线。为此,他们决定要亲身参与祖籍地建设,以帮助家乡尽快改变落后面貌,推动祖籍地的可持续发展。1987 年春,海外融籍闽商、融籍侨领林文镜先生代表融籍海外乡亲与时任中共福州市委书记习近平、中共福清县委书记练知轩、福清县长邱玉清签署了《帮助福清脱贫致富五年计划》。该计划指出,从 1988 年至 1992 年,将帮助家乡工业年产值达到 5 亿美元。为了实现这一计划,1988 年秋全国第一个由海外华侨华人与祖(籍)国政府共同创办的开发区"融侨开发区"正式成立。该区的建设,基

---

① 张学惠:《海外闽商在福建海洋文化发展中的作用——以江阴半岛开发、建设历程为例》,《发展研究》2008 年第 11 期。

本没有依靠国家投入,也没有专门的特殊政策,在海外融籍闽商与祖籍地政府共同努力下,成立后仅用三年就进入了发展快车道。1992 年 10 月 21 日,"融侨开发区"升格为国家级经济技术开发区。"融侨开发区"的成功,实现了融籍华侨华人帮助祖籍地发展的第一个五年计划,极大地推动了福清经济的迅速起飞。于是,1991 年,海外融籍闽商投资的福清"元洪投资区"的开发又开始起步。为加快其步伐,1992 年初,印尼林氏集团拟在已建项目基础上再增建水泥业项目。因考虑到已兴建的松下(元洪)3 万吨级码头风力太大不适应增建项目的需要,林文镜先生代表林氏集团向福清市领导提出另选港址建码头的动议,并与时任中共福清市委书记练知轩同志一起到江阴半岛实地勘察。

为了推动江阴半岛尽快得以开发,融籍闽商和福清市政府 10 年锲而不舍执着努力,战胜了亚洲金融危机等种种困难,终于使江阴半岛在等待了千年之后,迎来了大规模开发、建设并迅速从贫瘠之地变成福建海洋经济投资宝地和推动 21 世纪福建海洋文化发展前沿之地的历史性变迁时刻。

由此看来,海外闽商虽然奔走于世界各地,但恋祖爱乡的情感始终像风筝线一样牵引着他们,取得成就后回馈桑梓成了他们普遍的做法。除了回馈桑梓外,扶持同乡也成为海外闽商的典型特征。走出福建的海外闽商在所在地格外注重相互帮扶,发达了的商人会把自己的同乡带出去,不仅教他们经商之道,还出钱资助他们。

第五章

当代闽商的社会担当

在经济全球化与市场改革的当下,中国社会呈现出前所未有的多元化,各种社会需求也显得迫切而繁杂。在这种背景下,闽商以"善观时变、顺势有为、敢冒风险、爱拼会赢、合群团结、豪爽义气、恋祖爱乡、回馈桑梓"的新形象展现在世人面前。闽商因此而被人们赋予更大的期冀和更多的社会责任。

第一节　世界闽商大会与闽商精神

一、世界闽商大会

世界闽商大会每三年举办一次,前三届分别于2004年5月、2007年5月、2010年5月在福州举办,在海内外产生巨大反响。2007 年第二届世界闽商大会发表了《闽商宣言》，对闽商的发展历史、文化内涵、形象特征、精神实质和历史使命等进行全面阐释和宣示。

（一）首届世界闽商大会

首届世界闽商大会由中华海外联谊会、全国工商联和中共福建省委、省人民政府共同主办，于 2004 年 5 月在福州举行，会议取得圆满成功，在海内外产生了强烈反响。海内外闽商和广大干部群众纷纷要求世界闽商大会应当一届一届地开下去，为闽商加强联谊、建设海西提供平台和载体。中共福建省委、省政府高度重视大家的要求，决定每三年举办一次，并把它作为一个品牌性的活动来推进，使闽商大会成为凝聚闽商力量、弘扬闽商精神、宣传闽商文化的平台，成为宣传海西、展示福建的平台，成为拓展空间、促进发展的平台。首届世界闽商大会于 2004 年 5 月 16 日上午在福州开幕，来自海内外的 1800 多名闽籍工商界精英齐聚一堂，盛况空前。据不完全统计，截至 2003 年底，福建在海内外的行业商会组织达到了 221 个，已在国内成立省级异地商会 19 个，居全国第一，在省外投资兴业的闽人数量超过 250 万。可以说，从经济发达的沿海省市，到西部的一些经济较为落后地区，从现代化大都市到穷乡僻壤，不管当地的条件优劣，只要嗅到商机，闽商就会一路赶来，并在那里扎根繁衍。

在 2004 年的首届世界闽商大会上,时任中共福建省委书记卢展工将闽商精神归结为 32 字:善观时变、顺势有为;敢冒风险、爱拼会赢;合群随众、豪爽义气;恋祖爱乡、回馈桑梓。当年,与会闽商还发出了"弘扬闽商精神,共创繁荣发展"的倡议。

(二)第二届世界闽商大会

以"发扬闽商精神,共同建设海西"为主题的第二届世界闽商大会于 2007 年 5 月 17 日上午在福州开幕,来自全球 42 个国家和地区的 1100 余名闽商参会,参加人员主要为海外闽商、港澳闽商、台商、省外闽商、国有企业、省内闽商。受邀的闽商都有较强的经济实力、较大的社会影响,在海内外具有一定代表性。时任中共中央政治局常委、全国政协主席贾庆林给大会发来了贺信。贾庆林在贺信中说,世界闽商大会作为海内外闽商交流合作、共谋发展的重要平台,在展示闽商形象、凝聚闽商力量方面,具有不可替代的独特优势。希望广大闽商继承和发扬优良传统,继续支持和关心家乡的发展和建设,努力增进中国人民同世界各国人民的友谊,促进祖国完全统一和中华民族的伟大复兴。开幕式上,大会发表了《闽商宣言》,对闽商精神、闽商文化进行全面阐释,进一步激发闽商的使命意识,凝聚闽商力量,促进家乡建设。

第二届闽商大会除了秉承首届闽商大会的宗旨,强化闽商的历史使命和社会责任以外,还特别注重宣传首届世界闽商大会以来海峡西岸经济区建设取得的巨大成就,展示福建对外开放、协调发展、全面繁荣的崭新形象;加强联谊交流,弘扬"闽商精神",激发世界闽商共同拥有海西、共同建设海西、共同繁荣发展的强烈共识,为海峡西岸经济区发展服务,为祖国统一大业服务,为全国发展大局服务,为构建和谐社会服务。大会宣读《闽商宣言》,表彰"闽商建设海西突出贡献奖""华侨捐赠公益事业突出贡献奖"。①

(三)第三届世界闽商大会

在《国务院关于支持福建省加快建设海峡西岸经济区的若干意见》颁布一周年之际,第三届世界闽商大会于2010年5月17日在福州开幕。来自海峡两岸及港澳地区和50个国家的1500多名闽籍工商界精英汇聚闽都,畅叙乡情,交流沟通,共谋海西发展。

本届世界闽商大会由中华海外联谊会、中华全国工商业联合会和中共福建省委、省人民政府共同主办。时任全国政协副主席、全国工商联主席黄孟复,第八届全国人大常委会副委员长王汉斌,第十届全国政协副主席、致公党中央原主席罗豪才,第十届全国政协副主席、台盟中央原主席张克辉,和中央有关部委领导、福建省领导出席大会开幕式。

---

① 2007年第二届世界闽商大会设立此两项奖项,2010年第三届世界闽商大会增设为三项,直到2013年,福建人民政府正式发文确立。

第三届世界闽商大会以"弘扬闽商精神，加快海西建设"为主题，旨在进一步凝聚海内外闽商的智慧和力量，促进海西加快发展，这也体现了时代的要求和广大闽商的愿望。新加坡金鹰国际集团主席陈江和，香港香江集团董事长杨孙西，台湾台泥集团董事长辜成允，恒安集团首席执行官许连捷，厦门钨业股份有限公司董事长刘同高分别代表国外、港澳、台湾、内地闽商和国有企业代表在会上发言。他们表示，海西建设展现出勃勃的生机和广阔的发展前景，海西效应日益凸显，为海内外闽商投资兴业、施展才华、实现理想、大展宏图提供了广阔的舞台和新的机遇。

大会增设立了"福建省非公有制经济人士捐赠公益事业突出贡献奖"；落实了 137 个招商项目，确定投资 1000 万美元或 5000 万元人民币以上、符合产业政策、属于国家鼓励和允许的项目上台签约，共 51 个（其中，内资项目 32 个，总额 100.61 亿元人民币；外资项目 19 个，总额 6.45 亿美元）；举行了宣传闽商精神的《大爱闽商》主题宣讲；举办了首届世界闽商文化国际学术研讨会，还在中央电视台四套开播五集《闽商》大型历史文献片。

二、从闽商精神到福建精神

闽商精神是在特殊的地理环境中历经两千年的历史洗礼而逐渐形成的，其丰富多彩的表现形式，在一定程度上决定着闽商发展的历史进程。正因为有这样的精神支撑，闽商曾经非常强劲,在东南亚一带无可匹敌,直到现在,东南亚的巨商豪富还大多是福建籍人士。可以说,闽商精神是一种敢想敢干、敢为人先的精神,一种务实求实、乐业敬业的精神,一种百折不挠、永不言败的精神。为了将"闽商精神"及闽商文化发扬光大,第二届闽商大会组织专家学者开展闽商研究并撰写闽商宣言。通过追溯和挖掘闽商历史渊源,整理挖掘闽商文化,从闽商文化内涵、闽商精神实质、闽商特点和优势、闽商历史使命与发展趋势等方面进行研究、提炼和提升,从而进一步阐述与弘扬了闽商精神和闽商文化。

第二届世界闽商大会形成的《闽商宣言》,是对闽商精神最集中的概括,对闽商文化、闽商发展、闽商使命进行了全面阐释和宣示。《闽商宣言》是首届世界闽商大会倡议书的延续和提升,它最大限度地凝聚闽商的智慧和力量,推动闽商与海西同行,共同发展。《闽商宣言》是闽商在新世纪新阶段的历史性、纲领性文献,充分反映了世界闽商发展的时代潮流,体现了闽商对提高自身定位和自身素质的热切期盼,表明闽商勇于承担重大历史使命、以更高昂的姿态参与海西建设、融入世界发展的信心和决心;《闽商宣言》是闽商实现人生理想的冲锋号角,将团结引领闽商健康发展、再创辉煌,组织动员闽商参与海西建设、共赢未来。《闽商宣言》以宣传闽商文化、弘扬闽商精神、塑造闽商形象、打造闽商品牌为主旨。全文如下:

闽商之发祥,渊远而流长。缘起于汉唐,鼎兴于宋元;绵延于明季,式微于晚清;重振于开放,勃发于当今。千载衍递,百年传薪;九州索骥,万国打拼。或合纵连横,筑商厦于故国;或乘槎浮海,播鸿业于他邦。以一篑为始基,聚沙器以成塔;致九译之新法,开智泉而成潭。同徽晋粤浙商帮并驾,与东西南北客户交心;商以富国,贸可利民;共图国祚,分享升平。

闽商之基因,乃蓝色文明。其渊在昙山,其流在闽江。戴雪披云,梦寄乎七斗;向洋面海,潮听于八方。泉舶去来,留雁声于丝路;福船进出,辑桨影于海门。曾替郑和西行开路,也随乃裳异域拓荒。彼岸为邻,视环球为一寨;天堑可渡,御长风驾双程。

闽商之襟怀,如大海泱泱。倚天为岸,席地为床;风云际会,日月挑灯;远邀千鹤,广纳百川;豪情奔放,坦荡达观;深藏奥妙,孕育灵光;潮抚列岛,浪接云端;诚航普渡,信达万番;有容乃大,是谓海涵。

闽商之形象,似古榕苍苍。傍山为伍,依水为盟;结缘而至,随遇而安;虚怀成厦,缀叶成冠;长髯扎地,复为新桩;根若潜龙,四处延伸;相与盘错,互为支撑;大巧若拙,至诚如神;团团如盖,垂阴一方。

闽商之观念,最重是故园。家门为圆心,理想为半径,驰骋万里,收获大千。然人在羁旅,心系乡关。天涯黄金屋,故土篱笆墙,两相不弃,万里同春。出则兼济天下,归则反哺梓桑。城市建设,勠力相帮;农村发展,道义同担。铺路搭桥,有前贤垂范;兴教办学,效侨领嘉庚。好雨知时,润物无声。乡情如醪,和谐长安。

闽商之精神,见誓语铿锵。善观时变,顺势有为;敢冒风险,爱拼会赢;合群团结,豪侠仗义;恋祖爱乡,回馈桑梓。

闽商之命题,与时代俱新。海西战略,召我儒商。集五洲之慧识,催八骏之齐奔。项目带动,科技担纲。引线穿针,盘活多元资本;广征博引,挥写高端文章。三产并举,正好集群扩阵;两岸互动,最美海峡流筋。恰逢好机缘,同胞同心同德;难得大手笔,做活做大做强。

闽商之箴言,爱拼才会赢。舐犊恩重,赤子情真。沧海横流,英雄挺身。敢率风气,时出奇兵。无穷眼界,有备竞争。取法乎上,创意惟新。贾勇再进,摒弃惰心。能力是铁,诚信是金。

闽商之盛会,昭告此宣言。侪辈闽商,聚集一堂。谋中兴于故郡,探方略于锦囊。运九筹之胜算,铸八闽之辉煌。故友相逢,重温当年草创;新知盟约,同肩时代大梁。擂鼙鼓于海左,寄鸿志越风樯。闻涛声而血沸,望旗语倍兼程。岁次丁亥孟夏,莅会闽商千又五百众,志同而道合,如击楫之有声焉:经济为船,文化为帆;始发在海西,船号是炎黄!

《闽商宣言》从闽商发祥、闽商基因、闽商襟怀、闽商形象、闽商观念、闽商精神、闽商命题、闽商箴言、闽商盛会9方面做了阐述，能最大限度地凝聚闽商的智慧和力量，推动闽商与"海西"同行、共同发展。

《闽商宣言》指出，闽商具有古榕一样的形象和大海一样的襟怀，他们走出故土，闯荡大江南北；漂洋过海，打拼异国天地。闽商不仅在八闽热土建功立业，而且为异国他乡的繁荣做出重大贡献。此外，闽商具有中原移民特有的古道热肠和侠肝义胆，他们虽然散布在世界的各个角落，但总能循着乡音，凭着亲情，风雨共济，发展共荣。而随着"海西"建设在国家"十一五"规划中被实施，福建发展前景更加光明，发展任务也更为艰巨，素有"爱拼会赢，爱国爱乡"精神的闽商，理应在"海西"建设中肩负起重大的历史使命。

中共福建省第九次代表大会在闽商精神的基础上第一次明确提出了"爱国爱乡、海纳百川、乐善好施、敢拼会赢"的福建精神，既反映了闽商独特的历史文化底蕴，又体现了时代发展的新要求，是以爱国主义为核心的闽商精神和以改革创新为核心的时代精神在福建的具体体现。"爱国爱乡"体现了福建人"苟利国家生死以，岂因祸福避趋之"的爱国情怀。闽籍乡亲无论身在何处，总是梦萦家园、心系祖国，对故土有特别深厚的感情，对祖国统一大业有极强烈的责任感。"海纳百川"体现了福建人"开放包容、兼收并蓄"的宽阔胸襟，以及福建文化所具有的尊重差异、博采众长、多元并处、和谐共生的独特品质。"乐善好施"体现了福建人"舍得给予、乐于助人"的高尚情操，"施"不仅指物质上、金钱上的施与,也包括行为和爱心上的付出,只要愿意,人人可为、时时可为、处处可为。"敢拼会赢"体现了福建人"敢冒风险、敢为人先"的打拼与自强个性,是历代福建人为生存和发展,勇于拓海开洋、闯荡世界,最终取得成功的生动写照。

"福建精神"特别是"敢拼会赢",总结的就是福建人独特的精神文化特质,体现福建改革开放的精神,体现福建人敢闯敢拼、抓机遇、克困难、谋发展的胆识与冲劲;"爱国爱乡"讲的是基本道德规范,是一种大爱;"海纳百川"讲的则是大胸怀与包容的心态;"乐善好施"是对中华民族优良传统的传承。

第二节　当代闽商与慈善事业

闽商的辉煌,不仅体现在商业的成功,还在于他们的义利兼顾和对社会的贡献。从被称为"华侨旗帜、民族光辉"的陈嘉庚,到今天屡上慈善榜的新闽商曹德旺,我们不能说企业做多大,新闽商就能肩负多大的责任,但我们可以说,他们肩负的责任越大,他们的企业就能做得越大、越久。因为,目前民营企业的发展还受到来自体制和市场竞争的压力,民营企业自身也存在着不足,他们的发展面临着重重困难,但在支撑他们发展的动力中,社会责任无疑是支撑他们发展的最重要的,也是最强劲的动力。慈善无疑是社会责任当中的最高形式。以财富数字为指标的富豪榜,曾经一度深深吸引了中国人的眼球。然而,象征着爱心和责任的慈善榜,则似乎更加引人注目。慈善榜上闽商身影频现,向来以低调著称的闽商,对慈善事业并不"低调"。

闽商的事业发展到哪里,慈善公益就做到哪里。从19世纪海外闽商不分种族、信仰地做慈善,到当代闽商超越地域的广济博施,体现出了闽商慈善的济世情怀。在21世纪的今天,中国慈善舞台上活跃着众多闽商的身影,他们因越来越多的善举,而被称为慈善家。

闽商行善,大则捐款上亿,造福一方,泽及后世;少则捐款数十数百,亦能汇涓涓细水成江河。闽商行善,助残助困、安老扶幼、赈灾济民,无所不涉,但以助学为主,使千万寒门学子完成学业,早日成才。闽商行善,心系桑梓,使慈善之花在八闽大地处处绽放,亦能抛弃地域隔阂,虽身在异国他乡,也热忱满怀,积极参与当地公益活动,行善不倦,成为"仁爱"象征。

一、当代闽商的慈善概述

在当今慈善界,闽商可谓是独领风骚,涌现了一大批诸如曹德旺等人的慈善大亨,不仅所捐善款总额冠绝全国,更勇于开拓进取,倡领中国慈善新潮流。2002年12月,晋江成立全国第一个县级慈善总会,其理事多为本土企业家,7

年筹资 8 亿并惠民 8 万,被视为民间慈善机构的典范。

素有乐善好施传统的闽商群体,在历年的中国慈善榜上令世人瞩目。2004 年底印度洋海啸灾情中,福建 7 家药品企业捐赠价值 50 多万元的药品和 2 万多元现金,新华都集团捐款 20 万元。

闽商善行不分大小,慈善榜之外,千万闽商的点滴善心汇涓成河,汇成了闽商慈善的滚滚洪流。闽商的爱心并不仅仅狭隘地体现在故乡,随着事业版图的扩张,他们的善举也随之散播到全国各地。

闽商的事业发展到哪里,慈善公益工作就做到哪里。2005 年 9 月,达利公司进军西北,斥资 1 亿多在甘肃武威凉州投资马铃薯全粉项目。"2005 福布斯中国慈善榜"排名第四位的福建达利集团董事长许世辉除了捐款 1600 万元资助惠安建设老年活动中心和当地教育事业外,还捐款 500 万元给甘肃武威市凉州区用于发展当地教育卫生事业,其中的 400 万元即用来资助凉州区部分乡镇中小学的危房改造和特困生上学,使 6 万多名中小学生受益。

2005 年,"龙王"台风肆虐榕城,福建融侨集团捐款 700 万帮助家乡福州人民灾后重建家园,世纪金源集团捐资 300 万元,永辉集团向福州市捐资 100 万元,福州籍海外华侨和社团在福州为赈灾捐款 188.5 万元,福州市 8 个异地商会捐款 46.3 万元,用实际行动支持家乡灾后重建。

2006 年俨然成了中国的"慈善热"年。福建省工商联统计表明,仅 2006 年,7300 多名民营企业家参与了光彩助学活动，共捐款 9500 多万元，数额是 2005 年的两倍；帮助贫困大中小学生 16000 多名，建造和修缮中小学校 110 多所，其中捐款 10 万元以上的企业家有 96 人。此外，广大民营企业家响应"海西春雨光彩行动"，投入 10 万元启动扶贫资金，推广新的菌草专利技术，使更多贫困农户通过发展菌草项目实现脱贫。

从 2006 年 4 月 11 日到 5 月 8 日，一个月之内连续推出三个版本的"中国慈善榜"，从一个侧面也反映了慈善在当时中国的热度。其中，民政部慈善榜中闽商入选 13 位，"福布斯中国慈善榜"中闽商入选 8 位，"胡润百富榜"中闽商入选 6 位。入榜闽商统计捐赠金额分别达 25446.55 万元、22257 万元、59850 万元。世纪金源集团董事长黄如论连续三年入选民政部"中国慈善排行榜"、当选"年度最慷慨慈善家"，并蝉联"福布斯中国慈善榜"榜首。

2006 年，福建首次举行了"慈善大会"，颁发"八闽慈善奖"，表彰在赈灾、扶老、助学、救孤、济困、助残等公益慈善领域做出突出贡献的个人、企事业单位和社会团体。值得注意的是，民营企业家占据了获奖名单的绝大部分，如福耀集团的曹德旺、恒安集团的许连捷、万利达集团的吴惠天、超大农业集团的郭浩、阳光国际集团的林腾蛟、福建永辉集团的张轩松等。企业回报社会日益增多，逐步成为慈善机构募集资金的主要来源。据悉，2006 年福建全省有 19 个县级以上慈善会，3 个寺庙慈善机构，这 22 个慈善会已筹集资金 4 亿多元，其中省慈善总会筹集资金 9176 万元，而仅晋江市慈善总会募集的善款就超亿元。在福建省经济发达的泉州、晋江、石狮等地,慈善公益的意愿和热情在富裕起来的当地企业家群体中传递。民间慈善组织更是如雨后春笋般涌现。仅泉州就有各类民间慈善团体上百家,募款额数亿元人民币,已成为政府社会救助体系的重要补充。2006年募集的180万元资金,对省内6个贫困县区开展光彩扶贫活动,帮扶600个农村贫困户发展种养业和加工业,户均受益3000元。

在2006年超强台风"桑美"袭击闽东后,福建广大民营企业家捐款捐物积极支援灾区人民重建家园,其中万利达集团董事长吴惠天、圣农实业有限公司董事长傅光明、恒安集团总裁许连捷、龙工集团董事局主席李新炎各向灾区捐款30万元,福建省光彩事业促进会捐出20万元,上海闽商义捐233万元。

据不完全统计,2006年福建320多家企业和商会通过各种方式向福建受灾地区捐款捐物,总额达2800多万元。实际上,除了通过专门的慈善机构之外,福建省的民营企业一直以各种方式、各种渠道,如光彩事业机构、商会组织、政府部门、红十字会等,常年资助各项社会公益事业,危难关头更是挺身而出,捐资金额巨大,做出了很大贡献。

在2007年出炉的胡润慈善榜上,10家闽企共有11位闽商代表人物入选百强,入选人数创历史新高。11位上榜的慈善家4年内的累积慈善捐赠金额达到10亿元。素来以低调著称的闽商,却十分活跃地热情参与和广泛支持社会公益慈善事业，在社会各界赢得良好的口碑。他们正在用自己的行动一步步担起更多的社会责任。

2007 年，为表彰"恋祖爱乡、回馈桑梓"的闽商们，第二届闽商大会还特别设立了"华侨捐赠公益事业突出贡献奖"，菲律宾航空公司董事长陈永栽、世界福清同乡联谊会第一常务副主席林文镜等 20 名闽商获得表彰。据统计，从 2004 年 6 月至 2007 年 5 月，累计捐赠千万元人民币以上兴办社会公益事业的海外侨胞、港澳同胞共 43 人。

如同 2007 年第二届世界闽商大会发布的《闽商宣言》所说的那样，"天涯黄金屋，故土篱笆墙，两不相弃，万里同春。出则兼济天下，归则反哺梓桑"。新一代闽商们素以务实著称，却对社会公益事业十分投入，赢得了良好的口碑，并以自己的实际行动担当起更多的社会责任。

2009 年，曹德旺、陈发树倡导的股捐引发媒体热议，举国轰动。2010 年 6 月中旬，福建西北部发生特大洪水灾害，给当地人民生命和财产造成巨大损失。7 月，福建省委统战部组织召开福建省统一战线各界人士灾后重建赈灾大会，恒安集团首席执行官许连捷跟随省委统战部组织的企业家团队赴南平、三明、龙岩等地考察灾情，对受灾情况做了深入了解，对灾区人民的遭遇感同身受。从灾区回到公司后，他很快与董事会成员达成捐款 1000 万元的决定。2010 年恒安集团在成立 25 周年庆典之际，作为回馈社会的活动之一，在捐出 1 亿元设立慈善基金的基础上，又为玉树地震捐款。恒安董事局主席施文博、副主席许连捷商定，各自私人捐出 200 万元,公司再捐出 600 万元,共同以恒安的名义向玉树灾区捐款 1000 万元。

2010 年,胡润研究院发布的中国 2010 年"胡润慈善榜"显示,有 15 位闽商荣登慈善榜。他们捐赠的金额超过粤商、浙商、苏商和川渝商人。据统计,从 2005 年至 2010 年,15 位闽商慈善家累计捐赠 48.6 亿元,人均捐赠额高达 3.3 亿元,平均捐赠额为全国最高,捐赠额约占个人财富总额的 6.5%。而浙商捐赠额仅占个人财富总额的 1.5%,苏商、粤商捐赠比例均占个人财富总额的 2.5%,川渝企业家捐赠比例为个人财富总额的 2%。

2011 年"闽商慈善榜"显示:曹德旺的福耀玻璃集团,2010 年以 45.8 亿元的捐赠额首次登上"中国最慷慨的慈善家"宝座;世纪金源集团共捐 3 亿元建设河南中原文化艺术学院;许连捷的恒安集团,捐出 1 亿元成立恒安慈善公益基金;欧宗荣的正荣集团,向莆田市博物馆捐款 3000 万元;洪肇明的劲霸(中国),共捐赠 3000 万元回报社会;李德文的金帝集团,捐资 1000 万元用于西安交大教学楼建设,并向中国华文教育基金会捐资 1000 万元;蔡金垵的盼盼食品集团,成立安海镇慈善协会,捐出 2000 万元;陈泽峰的丰泉环保,向安溪崇德中学捐款 1000 万元建设教学大楼;傅光明的福建圣农集团,向南平市慈善总会捐赠 1000 万元。

二、当代闽商热衷慈善的缘由

自 2004 年中国慈善榜首次发布以来,其中就频频活跃着闽商的身影。曹德旺、许连捷、许世辉等成长于改革开放之后的现代本土闽商,虽然财富积累的时间尚短,但从他们的种种慈善义举当中,也不难看出本土闽商回报社会的强烈意愿和热情并不逊于带有海外或港澳背景的财富先行者。不论在海外还是本土,对于"义"与"利"的兼顾,似乎成为闽商群体的集体意识,在低调务实和不张扬中,实践着闽商的人生价值和对社会责任的担当。在经济发达的泉州、晋江、石狮等地,慈善公益的意愿和热情在富裕起来的当地闽商群体中"善流涌动"。泉州民间慈善意愿强烈,民间慈善组织的发展速度如雨后春笋。以晋江、石狮等经济发达县市为例,登记在案的民间慈善组织就有十几家,没登记的就更多了。截至 2010 年,泉州市以各种名义存在的、专门或附带从事扶贫济困事业的大小民间团体,就有上百家,募款数额达数亿元。

闽商之所以热衷慈善,原因之一是其强烈的乡土情结。北方汉民南下时,为聚集力量,抵御外敌,多是聚族而居,使福建宗族势力强盛。福建的祠堂数量之多和规模之宏丽可称得上是中国之最。人们对家族有着强烈的认同感和归属感,为家族利益而不惜生命。因此许多商人常常倾囊购置族田,专门用于改善族人福利。据统计,新中国成立初,闽西闽北各地的公有田，占总耕地面积的50％以上。近代以来，许多闽人奔赴南洋创业，原先的家族观念便扩展为乡土情结，人们以方言为纽带，组成地缘商帮。当他们创业成功后，眷恋故土、回馈桑梓不仅成了他们实现人生价值的主要方式，也成为提升海外商帮凝聚力的重要途径。如陈嘉庚创办厦门大学，不仅改写了家乡的历史，陈嘉庚本人更成为万众景仰的侨领，影响至今犹存。

闽商之所以热衷慈善，也与其创业艰辛有关。闽商为了创业，常常漂洋过海，前往异域开拓，不仅要抵御风暴侵袭、承担商业风险，更要克服文化隔阂和民族歧视，忍他人所不能忍，稍有不慎，便有可能客死异乡。因此闽商极富抱团精神，常常结成商帮，设立会馆，以便在恶劣的环境下求得生存与发展。每当商帮会员有难，其他商人便会积极伸出援手，捐钱出力，助其渡过难关，形成互助互恤的良好传统。由于创业艰辛，闽商成功后对穷人更具体恤之心，因此对施善常常倾全力为之，这也使他们能较好消除与其他族群的对立，更好地融入当地的主流社会。

闽商热衷慈善，勇于创新，也与其地域性格有关。福建地处东南沿海，蓝色文明铸就崇尚拼搏、勇于开拓的闽人个性。闽商信奉"三分天注定，七分靠打拼"，推崇"争气不争财"。传唱很广的歌曲《爱拼才会赢》堪称其精神代表。他们讲求实际，甚至敢于冒险犯禁，冲破明清统治者"海禁"政策束缚，纵横海疆。此种"拼"并非蛮拼，闽商更懂得"善观时变、顺势而为"，根据具体形势做出灵活判断。正因有如此海纳百川的胸怀,所以闽商才能闯荡天下,在世界各地扎根创业,享有海外第一大商帮美誉;才能在改革开放后迅速崛起,成为国内商界主力,为施善奠定雄厚的经济基础;才能洞悉慈善事业在新形势的重要意义,积极吸收各种新式慈善理念,敢为天下先。

爱是人类的共同语言,是成功的真谛,是人性的无私体现。正是因为大爱,闽商才能广受欢迎与信任,在千年岁月中屹立不倒,成为国际商界的璀璨之星。虽有极少数恶徒打着慈善旗号,招摇撞骗,但最终不为闽商群体所容,身败名裂,备受唾弃。在新的历史时期,闽商不仅能秉承大爱本性,竞仿先辈,更能推陈出新,成为时代弄潮儿。相信在未来,闽商还将继续扬帆善界,为和谐社会构建、海西建设发挥更大贡献,开创中国慈善新时代。

三、当代闽商慈善典型个案

1.曹德旺[①]

作为一名杰出企业家,曹德旺用自己的方式回报社会。据胡润慈善榜统计,从 1983 年第一次捐款至 2012 年,曹德旺累计个人捐款已达 50 亿元。而且,他的捐资幅度随着自身实力递增呈同步上升态势。

---

① 参见 2004、2005、2006、2007、2008、2009、2010、2011、2012 年"胡润慈善榜"(福建)。

1998 年,武汉洪灾,他个人捐出 300 万元,加上公司员工捐款等共筹资 400 万元经由中央电视台汇出。同年,他也向闽北灾区建瓯市捐出 200 万元。2004 年,他先后捐出 500 万元和 800 万元,用于修建福厦高速公路宏路出口与 316 国道连接道路以及福清三条农村公路。2005 年春节来临之际,他捐资 70 万元给永泰县福利院,帮助农村贫困老人过个好年,另外他又捐出 300 万元拓宽高速公路宏路出口处公路,捐 600 万元修建福清高山中学科技楼。2006 年 6 月的闽北洪灾,他个人再捐 200 万元,其公司的福清基地员工捐 47 万多元,用于闽北小学教学楼重建,捐资 500 万元给海南省文昌市。2007 年起,每年捐资 150 万元在西北农林科技大学设立"曹德旺助学金",定向定额捐赠 10 年计 1500 万。2008 年,汶川地震,曹德旺多次亲赴灾区,先后捐赠 2000 万元。2009 年,公益捐赠共计 2900 万。2010 年至 2011 年 4 月捐款 12 亿元,善款分配如下:玉树 1 亿,西南五省 2 亿,福州市公益事业 4 亿,福清市公益事业 3 亿,厦门大学 2 亿。2010 年 10 月,捐资 2000 万建南京大学河仁楼,推动河仁社会慈善学院建设成慈善救助人才培养的基地。

2010 年 12 月,历经三年锲而不舍地与中央各部委沟通、磋商,并请各领域专家进行论证和指导,曹德旺捐出价值 50 亿元的福耀玻璃股票成立的河仁慈善基金会在递交申请三年后终于正式获批,是中国资产规模最大的公益慈善基金会,2011 年 4 月正式过户。曹德旺明确表示,从股票过户那一刻起,基金会彻底与曹家剥离,基金会拥有完整股权。

2.许世辉[1]

达利集团一直积极参与各项慈善事业和公益事业。2003 年捐资 70 万元建造紫山小学教学楼；2003 年捐资 1200 万元修建惠安县老年活动中心；2006 年捐资 500 万元用于甘肃武威市凉州区助医助学；2007 年为在泉州举行的第六届全国农运会捐助 500 万元；2008 年 5 月汶川地震后，在第一时间为灾区捐赠款物 1035 万元；此外，2008 年出资 1 亿元分别成立了"泉州达利慈善基金"、凉州区"福建达利集团许世辉教育基金"、"德惠市许世辉教育基金"、"汉川许世辉教育基金"。

作为第十一届全国人大代表的许世辉先生一贯把慈善事业作为己任、作为企业应尽的社会责任、作为贯彻达利集团"达和谐、利众生"核心理念的具体行动。2006 年 4 月许世辉先生荣获了由国家民政部、中国社会工作协会颁布的"2006 中国慈善排行榜入榜慈善家奖"，位列全国第 16 位；2006 年 9 月荣获福建省"八闽慈善奖"；2008 年 5 月被泉州市人民政府授予"慈善家"荣誉称号。

3.许连捷家族[2]

（1）捐款赈灾

2010 年 7 月 8 日，福建省委统战部组织召开福建省统一战线各界人士灾后重建赈灾大会，恒安集团为闽北灾区

---

[1] 参见 2006、2007、2009、2010、2011、2012 年《胡润慈善榜》（福建）。

[2] 参见 2005、2008、2009、2010、2012 年《胡润慈善榜》（福建）。

捐款 1000 万元。6、7 月间,福建西北部发生特大洪水灾害,给当地人民生命和财产造成巨大损失。7 月 4—6 日,恒安集团首席执行官许连捷跟随省委统战部组织的企业家团队赴南平、三明、龙岩等地考察灾情,对受灾情况做了深入了解,对灾区人民的遭遇感同身受。从灾区回到公司后,他很快与董事会成员达成捐款 1000 万元的决定。在恒安集团成立 25 周年之际,作为 25 周年回馈社会的活动之一,恒安集团捐出 1 亿元设立慈善基金。玉树地震后,恒安董事局主席施文博、副主席许连捷商定,各自私人捐出 200 万元,公司再捐出 600 万元,共同以恒安的名义向灾区捐款1000 万元。

(2)捐资助学

1997 年,恒安集团出资 1000 万元设立"中国大学生跨世纪发展基金暨恒安自强奖学金",资助贫困学生顺利完成学业。在许连捷看来,慈善不是有钱人的事,而是有心人的事。"企业做大做强了,更应该主动承担社会责任。"许连捷说,慈善是企业社会责任的重要组成部分,企业应该充分发挥资本优势,通过支持慈善事业的发展来回报社会。随着企业的壮大,恒安集团在慈善事业的投入也逐年增加。截至 2012 年,在许连捷的带领下,恒安集团在捐资助学、抗洪救灾、扶贫济困等慈善义举中捐款约 6 亿元,其中许连捷个人的各类捐款超过 2 亿元。2005 年和 2006 年,许连捷连续两届被中华慈善总会授予"中华慈善突出贡献奖"。

（3）捐资敬老

在恒安集团创立初期,许连捷就以父亲名义在老家晋江安海镇后林村设立老人基金会,为全村 60 岁以上老人提供养老补贴,月补贴额已由最初的 50 元提至 2011 年的 350 元,基金总额达 600 万元,全村 100 多位老人受益。创业以来,恒安集团回馈社会的慈善之举也一直坚持着。

（4）慈善捐款

在恒安集团首席执行官许连捷二儿子的婚礼庆典上,许连捷向晋江慈善总会捐款 6666.66 万元。许连捷侄女结婚时,他向晋江市慈善总会捐款 1000 万元。

4.侯昌财[①]

侯昌财致富思源,不忘回馈社会。他身在商界,心系教育,捐资兴学,奉献爱心。他翻建了学校,捐赠教学设备,捐资助学助教,捐资改善老人的生活条件,捐资建设乡村道路等等。他设立侯昌财慈善基金,赞助南安侨联和南安生育关怀基金;捐资冠名 2007 首届"源昌杯"泉州和谐企业评选活动。据不完全统计,截至 2012 年,侯昌财先生为南安家乡在慈善捐赠、兴学助教、公益事业等方面捐献了 6700 多万元。

2009 年 7 月,在厦门市五缘实验学校"侯昌财奖教奖学金"捐赠仪式上,源昌集团董事长侯昌财将一张 1000 万元的支票郑重交到了五缘实验学校校长的手中。在体现取

① 参见 2007、2008、2009、2010、2011、2012 年《胡润慈善榜》(福建)。

之于社会、回馈于社会的企业责任同时，进一步彰显了源昌集团热心教育慈善事业的良好品牌形象。

侯昌财先后被授予"中华慈善突出贡献奖""福建省捐赠公益事业突出贡献奖"，荣获"福建省第十二届优秀企业家"、"泉州市慈善家"、胡润中国慈善榜"2007年十大感动厦门人物"、"厦门经济十大影响人物"、首届"感动南安十五人"等荣誉称号。

第三节　当代闽商与文化创造力

当代闽商已具备了较强的竞争力和影响力，在海外，在世界华商500强中，闽商占了十分之一强；在国内，闽商经过改革开放的锤炼，再次以惊人的成长速度、不断壮大的经济实力，成为中国经济舞台最活跃的商帮之一；在省内，以闽商为主体的民营经济已占全省经济总量的73%，是福建经济新的增长点、支撑点和贡献点，更是福建持续发展、再创辉煌的优势所在、活力所在、潜力所在。

闽商在长期的海洋经济活动中表现出了无比强大的创造力。当世界大潮席卷而来时，闽商的经济活动已经被纳入世界海洋经济和全球性的市场之中。就是这个在历史长河中一直习惯随大海漂泊的商帮，锻炼出了"不怕""敢拼"的商业精神。

一、当代闽商在海峡西岸经济发展中的贡献

当代闽商在推进海峡西岸经济区的产业升级、科技创新、体制改革、"走出去"战略、统筹城乡发展以及构建和谐社会中发挥着重要的作用。[①]

1.当代闽商是海峡西岸经济区建设的重要主体之一

2004 年,福建省委、省政府提出"建设海峡西岸经济区"战略决策。不久,"海峡西岸"被写入党的十六届五中全会建议、六中全会决议,并列入国家"十一五"规划纲要,建设海峡西岸经济区战略已经从地方决策上升为中央决策,从区域战略上升为国家战略。福建省明确提出建设海峡西岸经济区的三大总体目标,即建设中国经济的重要增长极、建设海峡两岸暨港澳经贸合作与科技文化交流的重要地区、建设促进祖国统一的重要基地。福建省民营经济发达,闽商实力雄厚。经过多年的发展,民营经济已撑起福建省经济的半壁江山,民营经济日益成为海峡西岸经济区发展的主要力量和有力支撑。2006 年 9 月,全省民营企业 16 万多户,注册资金 6842.75 亿元。其中,注册资本 1 亿元以上的 610 家,1000 万元至 1 亿元的 11246 家,500 万元至 1000 万元的 10688 家,个体工商户 52 万户。据统计,

---

[①] 王勤:《当代闽商与海峡西岸经济区建设》,《厦门特区党校学报》2008 年第 1 期。

1978—2005 年,在建设海峡西岸经济区中,以民营经济为主的闽商企业对开创经济发展新格局、构建九大支撑体系发挥了重要的作用。

2.当代闽商是推动海峡西岸经济区产业升级和自主创新的生力军

在海峡西岸经济区的建设中,产业发展和自主创新是其重要依托和动力。作为产业升级和自主创新的主体,闽商企业在推动海峡西岸经济区产业结构调整和技术创新中发挥了重要作用。随着民营经济的不断发展壮大,福建省民营企业涉足的产业领域越来越广,产业技术层次进一步提高,产品结构从低档次、松散型逐步向系列化、集群化方向转变,并注重品牌塑造和科技创新。不少企业已设立研发中心和技术中心,技术密集型企业逐步兴起,新兴服务业成为福建省民营经济的主要行业。与此同时,闽商企业的研究开发能力不断提高,自主创新科技项目投入加大,高新技术产业迅速发展,以企业为主体、以市场为导向的企业自主创新格局初步形成。

3.当代闽商是完善海峡西岸经济区市场体制和对外开放的先行者

在海峡西岸经济区建设中,闽商企业是构成社会主义市场经济的重要基础,是推动对外经济开放的重要力量。闽商企业以民营经济为主体,对完善社会主义市场经济体制起着关键的作用。福建省民营经济的迅速发展,打破了国有经济的垄断地位。一方面,民营经济同市场经济有不可分割的天然联系,促进国有企业中的低效部门迫于市场竞争压力而提高自身的配置效率。另一方面,一些私营企业积极参与国有企业改制、改组和改造,促使国有经济退出一些竞争性行业,集中力量投入关系国民经济命脉的行业和关键领域。

4.当代闽商是统筹城乡发展和推进新农村建设的推进器之一

统筹城乡发展,推进社会主义新农村建设,是促进海峡西岸经济发展的重要任务。近年来,福建省积极实施统筹城乡发展,大力推进社会主义新农村建设。在这一背景下,闽商企业积极占领农村市场,从广阔农村获得各种生产要素,推动农业市场化、产业化和现代化,打造农业品牌,发展农副产品加工,成为统筹城乡发展和新农村建设的重要生力军。近年来,福建省加大了农业发展的力度,鼓励和扶持农业产业化龙头企业,引导农产品集约化、规模化、品牌化经营,带动福建省中西部地区和沿海地区经济的协调发展。目前,福建省已涌现出超大现代农业、银祥、中绿、如意集团等一批农业产业化龙头企业。这些闽商企业把高科技种苗业和现代化加工销售业这两头放在中心城市发展,而将原料基地、种植业、养殖业等中间环节放在周边地区,实现城乡共同发展。

二、闽商文化：福建文化的重要名片之一

闽人与海有着千丝万缕的联系。福州大学闽商文化研究院院长苏文菁教授曾表示，福建是中国海洋文明最具代表性的区域，闽商闯荡全球的历史显现出典型的海洋文化特征。

2008年5月，福州大学闽商文化研究院挂牌成立，成为福建省当时唯一一所专门从事闽商文化研究的学术科研机构，苏文菁教授被聘为首任院长。研究院共有4名科研人员，此外，聘请了美国、澳大利亚、法国等10位海内外知名学者为兼职教授，采取以项目合作带动学术研究的形式，初步建构起了开放型学科发展平台。福州大学闽商文化研究院成立以来，在闽商研究基金的支持下，成果显著。截至2012年，出版了十部学术著作；承办了首届闽商国际研讨会；发表学术论文三十多篇；完成中共福建省委统战部"闽商"专题研究项目1项。在研项目还有：国家社科基金项目1项、国家留学人员回国科研启动基金项目1项、教育部人文社会科学青年基金项目1项、福建省社会科学规划重大项目2项、福建省海洋渔业厅委托的国家海洋局立项的项目1项，出版CN-Q杂志《闽商文化研究》。研究院不仅进行海洋文明、闽商文化的理论研究，更是直接参与闽商文化的发掘、整理和传播的全过程。比如积极参与筹备世界闽商大会以及首届闽商国际研讨会，参与制作专题片《闽商》，

协调开展发源于福建的南岛语族、寻根之旅活动，多次参与考古调研工作等等。闽商文化研究以研究院为平台，通过整合全球学术资源，实现集聚效应，一批学者为推动闽商文化的研究与传播不懈努力。如今闽商文化已成为继晋商、徽商等商帮文化之后的又一文化品牌，得到了海内外人士的广泛认可。

2010年5月16日，大型历史专题片《闽商》在央视中文国际频道首播后，引起社会各界的强烈反响。曾经在中国网络电视台800多部纪录片排行榜上，获得网友9.8分的好评。这部纪录片不仅让很多人重新认识闽商这支历史上与晋商、徽商齐名的商帮，更重要的是挖掘其深刻的海洋文化根源。中国传统文化主体是以保守的农耕文明为代表的中原文明，而敢拼会赢的闽人却积极向海洋拓展。2009年，研究院积极参与筹拍59集电视连续剧《大航海》①，以闽商积极参与"大航海时代"全球化进程为题材，反映中国海洋文明与闽商的"精气神"，以期打造中国历史上大航海时代的民族史诗。

2011年9月，福建省闽商文化发展基金会成立大会暨第一届理事会在福州大学怡山校区举行。大会聘请中共福建省委统战部张燮飞部长为闽商文化发展基金会"永远荣誉理事长"，选举福州大学闽商文化研究院院长苏文菁教授为理事长，阳光城集团股份有限公司董事长林腾蛟、福建三

---

① 2009年开播后，中央电视台更名为《郑和下西洋》。

盛地产集团有限公司总裁林荣新、网讯技术(中国)有限公司董事长陈国平为副理事长,林腾蛟为执行副理事长,陈慎为秘书长,增补吴辉体、姚志胜为基金会理事。福建省闽商文化发展基金会致力于资助以闽商文化研究院为主体的闽商文化研究。福建省闽商文化发展基金会为非公募基金会,基金会主要致力于资助闽商文化专题研究项目和著作出版,资助闽商文化相关公益活动,资助表现闽商精神的影视、动漫、游戏等文艺作品的制作等。基金会以闽商文化研究为基础,着力提升闽商在中华文化体系中的社会历史地位,打造闽商的整体文化形象,弘扬闽商精神,在更高起点上推进闽商文化研究、建设与发展。基金会目前还与北京大学签订合作协议,在北大专设"亚太海洋区域文化交流研究"课题项目,通过北大的学术地位和感召力,向全球招聘学者开展相关研究,努力把闽商文化、海洋文明编织到中国知识话语体系中去。

2012年6月,福建省海洋与渔业厅联合福州大学共同成立福建省海洋文化中心,中心依托福州大学闽商文化研究院开展相关学术研究和文化推广工作,为国家海洋发展战略提供强有力的历史文化与学术支持,并利用文字、影像、数字等多种手段传播中国海洋文明,为提高全民族的海洋意识提供丰富的学理知识。新成立的福建省海洋文化中心又承揽下了创作6集海洋文化专题片《海洋启示录》的任务。这部专题片最主要的目的是让观众对中华海洋文化的形成过程及其特色有较为清晰和准确的认识。2011年12

月，中央电视台播出该片时，改名为《走向海洋》，共 7 集。

　　闽商在海外的活动不仅延续着中华文明海洋发展的血脉，更是世界文明史发展的重要组成部分。正如苏文菁教授所说："把闽商文化的精髓大众化、普及化，进而把闽商文化作为福建省甚至是中国的文化名片进行推广，这是我们的责任。"

三、当代闽商的文化创造力

　　闽商自宋元尤其是明清以来，在中国商界活跃了几百年且至今兴盛不止，得益于他们在商场运筹过程中，孕育和塑造了具有鲜明个性的闽商精神。① 福建人自古就有拼搏的传统，敢拼会赢是闽人的文化个性与精神。② 当代闽商文化以"敢为天下先"的拼搏精神与兼收并蓄的开放状态为基础，在异质文化的撞击中，不断地重塑、丰满、开放、吸纳。

　　研究闽商精神，要把握好三个方面的问题：首先是闽人经商意识的形成，唐代以来，世界上几大自古便以从事海外贸易著称的商人集团，都曾落户福建泉州等地。像阿拉伯商人、欧洲意大利人及犹太人，还有印度商人，这么多历史上以善于经商而闻名的民族，不期而遇，聚集福建泉州等

---

① 《自古闽商多善贾　有敢为天下先的商业精神》，《东南快报》2011年 7 月 12 日。
② 苏文菁：《敢拼会赢是闽人极具创造力的文化个性》，《福州大学报》2012 年 7 月 31 日。

地,与福建人杂居相处,甚至通婚繁衍,福建人受其经商意识的濡染很深,并且一代又一代地传承下来。其次是历史上闽商在国内的经营活动具有地域特点,尤其是明清时期,以江浙地区和广东地区为多,这些地区成为闽商南下东南亚的中转地。最后,福建特殊的地理环境,使福建各地形成了各具特色的商帮。他们各有自身鲜明的特点,但都共同创造了闽商的辉煌。

历史上的闽南,指的是一种大闽南文化圈的范畴。除了厦门、泉州、漳州这些地方外,还应该包括广东东部的潮汕地区。这个地区是全国华侨最多的地方,也是闽商最多的地方,同时还是历史上中国对外贸易最发达的地方,以及著名港口最集中的地方。

来自中原的文化虽然在福建保存完好、绵延不坠,但由于其破碎分散,难以给人留下鲜明的印象,反而是来自闽南的海洋文化,以其鲜明的特色、强大的影响力给予人们深刻的印象。因此,真正代表福建且具有标志和符号意义的,能够把福建与全国其他地方区别开来的,正是闽南的海洋文明,也正是在这个意义上,我们认为福建是中国的海洋文明区。

闽商文化是闽文化的合理延伸,是海洋文化熏陶的结果,有着自己的独特内涵和历史诠释。属于移民文化的闽商文化,具有较强的兼容性和开放性。此外,福建丘陵山地众多,尤其是沿海平原地区"人满为患",客观上促使大量福建人敢冒风涛之险搏击海洋,挈妻携子移民海外,形成"海贾归来富不赀……只搏黄金不博诗"的浓厚重商主义色彩。这种重商主义、注重生活条件的不断改善和务实逐利的进取精神,为闽商经商理念和企业发展起到了重要作用。

福建沿海一带有"少年不打拼,老来无名声""输人不输阵,输阵歹看面"等说法。在经商传统的影响下,"办企业当老板"成为福建人的价值取向之一。

福建海洋文明精神是福建人民的精神家园,是中国改革开放的内在文化动力之一,构成了世界文明史不可或缺的一部分。福建精神所涵盖的闽商所代表的海洋文明是一种源于本民族文化传统的、又具有时代气息的精神。福建精神紧紧抓住了当代世界和平发展的主题,反映了人类的共同价值。福建精神不同于传统思维,它紧紧抓住了人类文明发展的本质特质——极大发展生产力,谁掌握了生产力的最高水平、最能够创造财富,谁就是时代精神的引领者。

在现代市场经济机制的竞争之下,产能过剩,市场饱和,传统闽商所承受的挑战也是空前巨大的:如何进行技术创新,增强产品竞争力,在全球化的产业链分工体系中占据相对有利的位置;如何使敢冒风险、管理严格的家族企业不向自我封闭发展,而向理性的、开放性的现代企业管理转化;在中国建设创新型国家的历史进程中,如何抓住机遇,在高科技企业和现代服务业中占有一席之地等等。

时代也给闽商发展提供了巨大的机遇。在福建经济发展战略中,福建的目标是建设成为"对外开放、协调发展、全面繁荣"的海峡西岸经济区,它传递出一个非常有力的信息:未来福建,商机无限,龙腾海峡,正当其时!

在未来几十年,整个中国发展势头将更加迅猛,到处生机勃勃,其中蕴含着巨大的商机。闽商应该得到更大、更快的发展,在中华民族实现伟大复兴的历史进程中做出应有的贡献,拥有自己的位置。

闽商精神需要现代转型,决不能只着眼于闽商对福建的特殊意义以及由此产生的文化特征,而是要与中国全局、全球市场的深远意义结合起来,以原有的闽商精神为起点,不断更新,不断注入符合时代发展需要的新鲜血液,充实和完善闽商精神的内核,这对于当代闽商而言,是至关重要的。

闽籍学者、复旦大学管理学院苏东水教授提出,闽商经营理念和经营模式必须创新:(1)拓展发展路径,稳健地推进跨国经营,寻找新的发展空间。(2)不断地调整产业结构,提高创新能力,真正做强做大强项产业,既要避免力量的分散化,又要把握好世界产业发展的脉搏,及时抢占发展先机。(3)促进家族资本与社会资本融合。重点是结合家族企业组织优势,进行制度创新,保持和扩充自身优势。(4)增强闽商网络的开放性。闽商经济网络发展受到了血缘等因素限制,容易产生排外行为,不利于保护闽商利益及其事业的发展。

闽商、浙商与粤商是中国 21 世纪初最为活跃的三大商帮,随着中国的发展及中西部的崛起,中国其他地区的商帮也将异军突起,中国将迎来商界群星灿烂的新时代。海内外的闽商应联合起来,互相支持,互相勉励,加强合作,在中国经济发展的历史大舞台上,像闽商先辈一样,创造出更加辉煌的业绩。

历经千年发展,当代闽商已具备了强大的竞争力和影响力。既要看到成绩,也要看出不足。闽商的冒险、重商、实用精神,造就了一批又一批的成功闽商,使福建人成为中国社会中最有特点的群体之一,但闽商并不是没有危机,千百年传承下来的"闽商精神",也伴生和潜藏着许多堪称致命的缺陷。由于冒险,闽商在经营活动中时常是不分析、不考证、不调查也不研究,埋头猛干。就多数中小商人而言,其行为多急功近利,缺乏远见卓识,尤其缺乏长远的商业战略。同时,由于重商趋利,闽商惯于在利用制度漏洞或疏于防范中求发展,从而养成对自上而下的法规法令不甚遵从的民俗。这在企业发展乃至社会的现代化进程中成为一个致命弱点。

在现代市场经济机制的竞争之下,闽商所承受的挑战和所要解决的问题也空前巨大。第一,面对新一轮国际产业结构调整所带来的区域经济的梯度推移和区域之间的竞争,如何借助"海峡西岸经济区"建设的契机,实现同长三角、珠三角之间既相互竞争又紧密合作的良性互动,以维护并促进福建经济的持续发展。第二,在全球化的产业链分工体系中,如何占据相对有利的位置,进行技术创新,增强产品竞争力,提高附加值。第三,如何使敢冒风险,对外部反应敏捷等企业草创阶段的有利特征不向自我封闭发展，而向理性的、开放性的现代企业管理转化，改变经济增长方式和企业管理模式，逐步扩大外向型比例，同时不断打造在国内市场的品牌核心竞争力。

当代闽商应当加强抱团合作，共同做大产业链。苏东水教授指出，当代闽商的创新，必须拓展路径，稳健推进跨国经营，寻找新的发展空间，不断调整产业结构、提高创新能力，真正做大强项产业。既要避免力量的分散化，又要把握好世界产业发展的脉搏，及时抢占发展先机。促进家族资本与社会资本融合，重点是结合家族企业组织优势，进行制度创新，保持和扩充自身优势，增强闽商网络的开放性。同时，加强闽籍企业之间的资源整合，使企业经营和资本运作都达到一个全新的高度，获得较强的国际竞争力，缔造"世界闽商"的辉煌前景！

附　录

一、2004—2010 年胡润慈善榜（福建）[①]

2004 年胡润慈善榜（福建）

福建地区排名	全国排名	姓名	2003 年捐献额（元）	捐赠方向	公司
1	35	曹德旺	5400000	教育、社会福利	福耀集团

2005 年胡润慈善榜（福建）

福建地区排名	全国排名	姓名	捐赠金额（万元）	捐赠占财富百分比	捐赠方向	公司
1	22	曹德旺	1584	1%	教育、社会福利	福耀集团
2	29	许连捷	1270	1%	教育、健康	福建恒安集团

[①] 数据根据历年公布的胡润慈善榜整理。

2006 年胡润慈善榜(福建)

福建地区排名	全国排名	姓名	捐赠金额(万元)	捐赠方向	公司
1	18	曹德旺	3700	教育、社会福利	福耀集团
2	37	许世辉	2100	社会福利事业、教育、卫生事业	达利集团
3	85	庄凌	750	高等教育、社会公益事业	嘉龙集团

2007 年胡润慈善榜(福建)

福建地区排名	全国排名	姓名	2003—2007 年捐赠金额(万元)	捐赠方向	公司
1	23	曹德旺	6862.84	社会公益、教育	福耀玻璃
2	36	侯昌财	3580	教育、社会公益	源昌集团
3	48	肖恩明	3000	教育	/
4	73	许世辉	2100	教育、社会公益	达利集团
5	77	郭浩	2000	救灾	超大农业
6	77	李德文	2000	教育	金帝集团
7	87	兰春、杨英夫妇	1790	教育	英才集团

2008 年胡润慈善榜(福建)

福建地区排名	全国排名	姓名	捐赠金额（万元）	捐赠方向	公司
1	14	曹德旺	14600	教育、社会公益	福耀玻璃
2	16	许连捷家族	13800	救灾、社会公益	恒安集团
3	37	侯昌财	7580	教育、社会公益	源昌集团
4	72	李德文	3350	教育、社会公益	金帝集团
5	78	李新炎、倪银英夫妇	3130	健康、社会公益	中国龙工
6	84	肖恩明	3000	教育	/
7	95	庄凌	2750	教育、社会公益	嘉龙集团

2009 年胡润慈善榜(福建)

福建地区排名	全国排名	姓名	捐赠金额（万元）	捐赠方向	公司
1	17	许连捷家族	17500	救灾、社会公益	恒安集团
2	18	曹德旺	17410	教育、社会公益、救灾、扶贫	福耀玻璃
3	26	许世辉	11400	救灾、教育、社会公益、文体	达利集团
4	32	侯昌财	10050	教育、社会公益	源昌集团
5	45	李德文	7240	教育、社会公益、救灾	金帝集团
6	57	许健康	5630	扶贫、救灾、社会公益	宝龙集团

续表

福建地区排名	全国排名	姓名	捐赠金额（万元）	捐赠方向	公司
7	70	李新炎、倪银英夫妇	4520	健康、社会公益、救灾	中国龙工
8	82	许景南	3710	教育、健康、扶贫、社会公益	匹克
9	94	洪肇明	3310	救灾、社会公益、教育、文体	劲霸集团

2010 年胡润慈善榜（福建）

福建地区排名	全国排名	姓名	捐赠金额（万元）	捐赠方向	公司
1	5	陈发树	70000	教育、社会公益	新华都
2	18	曹德旺	22600	教育、社会公益、救灾、扶贫	福耀玻璃
3	21	许世辉	15300	救灾、教育、社会公益、文体	达利集团
4	26	许连捷家族	13900	救灾、社会公益	恒安集团
5	33	侯昌财	11400	教育、社会公益	源昌集团
6	44	许景南	8780	教育、健康、扶贫、社会公益	匹克
7	58	李德文	6760	教育、社会公益、救灾	金帝集团
8	68	许健康	5550	扶贫、救灾、社会公益	宝龙地产
9	77	李新炎、倪银英夫妇	5020	健康、社会公益、救灾	中国龙工

二、福建省工商联大事记(1949—1978)

1949 年

8 月 17 日,福州市旧商会会长蔡友兰与大部分商会的理事、监事聚集在市商会八角亭会议厅,相互介绍市场情况,以"福州商会"名义,由蔡友兰署名,贴出大意为"福州庆获解放,我福州市民,务必照常营业,遵守市场秩序"的告全市商民通告。

8 月 19 日,福州市军管会派员接管福州旧商会,开始着手组建市工商联筹委会的工作。

10 月 20 日,福建省人民政府主席张鼎丞在福州市(第一届第一次)各界人民代表会议上致辞。指出:要有步骤地恢复发展有利于国计民生的工商业,按照毛主席的"公私兼顾,劳资两利,城乡互助,内外交流"的四面八方的政策,发展生产,繁荣经济。

12 月 23 日,中共福建省委员会第一次扩大会议通过《关于目前福建形势和党的任务的决议》,提出目前私营工商业者对党的政策尚不十分了解和信任,应给以很好的解释和说明。劳资纠纷应完全按照上海市军管会颁布的《关于私营企业劳资争议调处程序暂行办法》办理。发展对内对外贸易,大力沟通城乡内外物资交流。

12 月 25 日,福州市军管会根据国计民生需要,决定对原官商合资的福州市电力公司实行公私合营。

1950 年

1 月 3 日,福州市工商业联合会筹备委员会成立。续后,厦门(3 月 21 日)、漳州(5 月 8 日)、泉州(5 月 30 日)三个市工商联筹委会分别成立。

1 月 8 日,福州市开始举办全市工商业登记。首批以粮食业、纱布业、油业、百货业、京果业、国药及新药业、度量衡业、酒业等 8 种行业进行登记。举办第二批工商登记的有海运、机器、印刷、肥皂、纸、糖、鞋、钟表、金银首饰等 15 种行业。

1 月 21 日,经厦门市第一届各界人民代表会议决议,厦门市人民政府公布中华全国总工会所通过的《关于劳资关系暂行处理办法》《劳资争议解决程序的暂行规定》《关于私营工商企业劳资双方订立集体合同的暂行办法》,作为厦门市处理劳资关系的法律依据。随后,福州市人民政府也公布施行上述文件。同时,公布了《福州市私营工商企业劳资协商会议组织通则》《关于私营工商企业劳资双方订立临时协议的暂行办法》。

2 月,中央人民政府发行人民胜利折实公债,福州市工商联筹委会承担认购 30 万份公债任务后,立即成立推销公债分会,发布告全市工商界书,建立推销小组,划分认购数额,并先向银行借了 5000 份相凑。至 4 月下旬,福州市在全国率先完成认购任务。

8 月 21 日,全省店员工会第一次代表大会闭幕。大会通过了在私营企业中建立劳资协商会议等五项决议,决定成立省店员工会委员会。福建省人民政府主席张鼎丞在讲话中,要求店员工人认真执行公私兼顾、劳资两利政策。

12 月 13 日,福州市工商界在市工商联筹委会发动和组织下,举行了拥护党中央抗美援朝决策、庆祝平壤光复的万人大游行。为了深入开展抗美援朝运动,成立"福州工商界人民代表抗美援朝运动委员会"。

12 月 30 日,福州市召开首次工商业调整委员会会议,到会委员推选市长许亚为主任委员。委员会的任务是:会同有关部门协商订货、贷款、加工和收购等事宜;督促检查订货、加工、货款和收购事宜;调整私营企业中劳资产销关系;调处公私企业的争议及帮助解决私营企业内部的问题等。

1951 年

1 月初,漳州市工商联筹委会改组基层组织,先以绸布、酱油、百货三个行业为试点,由点到面,在全市组织 46 个行业工会筹委会和 14 个直属组,按地域建立 7 个联合办事处。

6 月 4 日,为响应中国抗美援朝总会发出的"关于推行爱国公约,捐献飞机大炮和优待军烈属"的号召,福州市工商联筹委会组织成立了"福州市工商界抗美援朝爱国捐献运动委员会",明确市工商界爱国捐献的初步计划。

6月6日—7月12日,举行全省城乡物资交流大会。各专区、市代表团代表700多人参加。大会成交总额达1400多万元。其中,私营企业成交总额约占2/3。

7月1日,福州市13000多名各行各业工会会员在人民体育场听取中国人民赴朝慰问团代表报告后,工商业者捐献热潮高涨,各行业自动提高捐献比例。继后,捐献委员会修订了增产节约的捐献计划,确定今后的捐献对象以坐商为主、行商为辅,以捐献6架战斗机为目标。至10月底,认献6架战斗机的任务胜利完成。全市工商界爱国热情不减,提出实现超献2架战斗机的目标。至12月15日,捐献8架战斗机的任务提前完成。

10月13—20日,举行全省秋季物资交流大会。出席大会的有各专、市代表团890人,并邀请省内外贸易团派出代表列席。省人民政府副主席叶飞在大会开幕时指出,各地应在夏季物资交流的基础上,扩大生产,扩大交流。副主席陈辛仁要求全体代表贯彻"面向群众、面向生产"的方针,开展秋季初级市场的物资交流活动。

10月24日,福建省工商业联合会筹备处成立,并举行第一次筹备委员会议。会上推选洪晓春为筹备处主任,高磐九、刘栋业、蔡衍吉为副主任,倪松茂为秘书长,陈希仲为副秘书长。

11月5—13日,福建省召开第一次全省店员工会工作会议,决定发展公私贸易,开展增产节约运动,为贯彻全国店员工会代表大会的决议而奋斗；要求私营商店逐步开展增产节约运动。

12月23日，福州市工商业联合会正式成立，刘永业为主任委员。

1952 年

10月23日，福建省召开各界人民代表会议协商委员会第三次全体会议。会议决定成立福建省工商业联合会筹备处。推聘洪晓春、高磐九、刘栋业、蔡衍吉、倪松茂、陈希仲、刘永业、丁乃扬、蔡载经、蔡竹禅、颜学卿、陈亚泉、林承泉等13人为筹备处委员，负责筹备召开全省工商业代表会议。

10月24日，举行第一次筹备处委员会议，推选洪晓春为筹备处主任，高磐九、刘栋业、蔡衍吉为副主任。倪松茂为秘书长，陈希仲为副秘书长。会议确定省工商联工作计划、机构规模、干部调配、经费补助申请等事项。决定在11月14日正式挂牌办公，地点暂设福州市南营33号。

1953 年

1月7日，厦门市工商业联合会成立。

1月25日，泉州市工商业联合会成立。

2月18日，漳州市工商业联合会成立。

2月，全省已成立县（市）工商联20个，县工商联筹备会

23 个,县城关工商联试筹委会 25 个,处一级组织的分会、办事处和工商中心小组等 359 个。全省共有会员 177208 户,其中坐商 106801 户,行商 12501 户,摊贩 57906 户。

3 月 8 日,福建省人民政府发布《关于 1953 年专、市地方工业工作的指示》,要求对私营工业应首先抓住大型工厂进行有重点、有步骤的指导和管理。福州、厦门两市成立工业局,负责对公、私营工业以及手工业的领导管理。各专署分别建立专区企业公司或企业管理处,负责领导地方国营及公私合营企业;私营工业及手工业的行政管理工作,仍由专署工商科负责。

5 月 20 日,福建省工商业代表会议为表达工商界人士对抗美援朝的坚强决心和对中国人民志愿军的敬意,代表会议发出了向中国人民志愿军的致敬电。

5 月 20 日至 26 日,在福州召开全省工商业代表会议。出席会议代表共 307 人,包括国营企业、合作社、公私合营企业、私营企业的代表。全国工商联、福建省人民政府为大会发来贺电。省人民政府副主席陈辛仁在开幕式上做关于国家性质、共同纲领以及福建经济形势的报告。省工商联筹备处秘书长倪松茂做"省工商业代表会议筹备工作经过报告"。

省工商业代表会议审议并通过高磐九"工商联性质和任务"的报告、《福建省工商业联合会章程》。会议选举产生由 48 人组成的执行委员会,刘栋业任主任委员,高磐九、蔡子钦、蔡衍吉、蔡竹禅任副主任委员;会议选举郭瑞人等 15

人组成监察委员会，郭瑞人任主任委员、林采之任副主任委员。

会议决定给毛泽东主席、中国人民志愿军、中华全国工商联、中共福建省委、福建省人民政府、福建省军区致敬电。

6月10日，省人民政府致函福建省工商业联合会代表会议。致函说，正式成立福建省工商业联合会，使全省工商业有了领导机关。这是福建省工商界的一件大喜事，谨致祝贺。此次会议，象征着全省工商界的大团结，在福建省工商业联合会领导下，全省工商业者将为进一步正确发挥生产经营的积极性，为建设新福建，为共同完成国家第一个五年经济建设计划而努力。

9月14日，中共福建省委扩大会议决定：在省委统战部内建立国家资本主义工作的专管机构，下设办公室。其职责为：(1)研究私营及公私合营企业情况；(2)研究和掌握在私营工商业中实施国家资本主义的政策、计划和步骤；(3)政治上对资本家进行团结、教育、改造工作及指导工商联工作，并建议有关厅、供销社设私营企业管理处（或科）。福州、厦门、漳州、泉州及私营工商业发达的专区，依照以上办法，在统战部内组成办公室；工商业不发达的专区及县，由党委亲自掌握这一工作。

10月6日，中共福建省委召开全省公私合营、合资企业公方代表情况汇报会议。会议统计，1953年前，全省有公私合营企业36个，合资企业20个。会议要求各地在上述企业搞好生产、搞好公私关系，以便扩大影响，为今后扩展公私合营工作建立阵地。

12月16日,省工商联召开全省第一次秘书工作会议。会议要求开展国家总路线的传达学习,进一步认清工商联的性质、任务,确定建立省、市、县工商联工作报告制度及加强全省工商联内部的联系。

12月下旬,中共福建省委统战部推介工商界上层代表人士9人,分别到6个专区33个市县,通过县(市)工商界代表会议、执监委扩大会或工商界传达会议等形式,对13000余人进行党在过渡时期总路线的宣讲。续后,省委统战部做了"关于运用资产阶级代表人物对工商界进行党在过渡时期总路线宣传教育的总结"。

12月底,省委统战部布置对全省私营职工10人以上工业企业的调查。全省私营职工10人以上工业企业共有611户,职工总数10436人,产值5716万元(1953年计算),资产1471万元。

1954 年

1月1日,福州电话公司成为福州市全行业第一家实行公私合营的企业。

1月4日,经中共福建省委批准,省人民政府财政经济委员会第六办公室正式成立,工作重点放在国家资本主义方面,办公室设在省委统战部。

7月12日,中共福建省委批转省财委私营商业改造办公室制订的《全省私营商业实行社会主义改造的方案》。

9月14日，中共福建省委批转省委统战部、省财委（资）《关于本省十个工人以上私营工业企业扩展公私合营计划的报告》。

9月间，中共福建省委统战部、省财委（资）根据华东扩展公私合营计划会议的要求，提出《本省对十个工人以上的私营工业企业社会主义改造的原则意见，并1955年扩展公私合营计划及1955年至1957年合营纲要》。对10个工人以上私营工业企业社会主义改造的原则意见是：今后除应继续加强对中级形式国家资本主义企业的领导外，主要任务是根据需要、可能与自愿，逐步发展公私合营。分为基本可以全部合营、创造条件后也可以基本纳入合营、部分可以合营、基本不能纳入合营等四类进行处理，并提出对私营工业企业的改造，采取高级形式与中级形式同时运用，对行业（包括公、私、大、小）要统一考虑、全面安排。

9月16日，福州市有123家私营棉布零售商与国营建立经销关系，开始营业。

1955 年

4月26日，福建省人民委员会颁发《关于建立各级政府对资本主义工商业社会主义改造机构及其任务和分工的规定》，规定省人民委员会所属的与资本主义工商业有关的领导部门应于5月份内设立机构，各专业公司视情况需要分别设立机构或配备私改干部，各专、市亦宜建立专区或市的国家资本主义办公室。省人民委员会国家资本主义办公室是综合性的处理有关政策问题的机构,其主要任务是协助领导"综合情况,研究政策,督促检查,联系各方"。

5月22日,中共福建省委决定举办省工商联第一期训练班,着重训练工商业较发达的县(市)工商联工作的积极分子。训练班从6月1日开始,为期一个月。

8月—12月,开展全省私营商业严查工作。1954年全省商业87978户,从业人员127.5878万人,销售额32808.98万元。其中饮食业17742户,从业人员25185人。

9月,据全省4个市、46个县统计,全省工商业者参加社会主义竞赛的有6100多人。其中,被评选为先进工作者3069人,表扬得奖的有2571人。

10月,中共福建省委成立了由7人组成的"对资本主义工商业改造领导小组",林一心任组长,林修德、高盘九任副组长,下设办公室,与福建省人民委员会对资改造办公室合署办公。

1956 年

1月9日—13日,福建省工会联合会召开全省私营企业工会代表会议,出席的代表有各市、县私营工业、商业、手工业的基层工会干部和工人积极分子共290人,会议听取了中共福建省委书记叶飞的报告和省委统战部部长林修德所做的"全省私营企业职工,积极行动起来,将资本主义工商业改造推进到一个新的阶段"的报告。会议通过了《福建省私营企业工会代表会议决议》和《福建省私营企业工会代表会议告全省私营企业职工书》。

1月16日—20日,省工商联第一届会员代表大会在福州举行。出席大会的代表有309人。其中市、县和地区代表196人,国营企业、合作社和省级机构的会员代表27人,特邀代表11人,列席代表75人。

大会由省工商联第一届执行委员会主任刘栋业致开幕词。大会首先传达了毛泽东主席在全国工商联第一届执行委员会第二次会议上与执委座谈时的重要讲话,传达了陈毅、陈云副总理在全国工商联执委会会议上的讲话精神。中共福建省委书记、省长叶飞出席会议并做政治报告。他号召全省私营工商业者向北京市工商界学习,加快速度,争取提前完成全省社会主义改造任务。

省工商联副主任委员蔡衍吉在会上做关于"福建省工商业联合会两年八个月工作情况和今后工作意见"的报告。大会通过了《关于修改"福建省工商业联合会章程"的意见》《福建省工商业联合会第一届会员代表大会财务审查委员会财务审查报告》《福建省工商业联合会会员代表大会采用无记名式投票选举办法》《福建省工商业联合会第一届会员代表大会决议》《福建省工商业联合会第一届会员代表大会告全省工商界书》《向毛主席致敬电》《向中共福建省委、福建省人民委员会致敬电》。

会议选举了福建省工商业联合会第二届执行委员会。第二届执行委员会由64人组成。刘栋业任主任委员;陆自奋、蔡衍吉、陈希仲、蔡竹禅、蔡载经、蔡钟长任副主任委员;

陈正映任秘书长。第二届执行委员会产生了由王贤镇等38人组成的常务委员会。

1月19日,福州、厦门两市资本主义工商业全部实现公私合营。福州市25000多名私营企业职工、工商业者及其家属组成6路报喜大队,向福建省、福州市的党委、人委、工会、政协,省军区及省工商业联合会首届二次会员代表大会报喜。省委书记、省长叶飞,省委副书记魏金水等在福建省人民委员会礼堂接见了报喜队。

1月22日,漳州市全面完成对资本主义工商业的社会主义改造任务。

2月1日,福州市公私合营的各行各业的资产自估和评议工作已基本结束。

2月,省工商联颁布《1956年下半年到1957年对工商业者教育工作规划》。指出,全省各级工商联应当在当地政协统一领导下,通过各项学习活动,推动对私营工商企业和人的改造,把私营工商业者逐步改造成为自食其力的劳动者。

3月12日,中共福建省委书记江一真、省长魏金水、副省长陈绍宽接见了欧云远等福建省出席全国工商界青年积极分子代表大会归来的代表。

7月18日,省工商联制订并实施了对原私营工商业者的教育规划。要求通过省、市、县三级工商联和归口业务主管部门,分期分批开办学习班,脱产和业余相结合,将全省原私营工商业企业的从业人员及资方代理人组织起来培训。全省有 12160 人参加了培训。

9 月 2 日，《福建日报》报道：最近，福州、厦门、泉州等地 110 多名在社会主义改造运动中表现积极和有代表性的工商界人士、工商业者家属参加了中国民主建国会的地方组织。

1957 年

1 月 19 日，省工商联下发《关于农村集镇私方人员经常性学习的意见》。要求组织本省 900 多个农村集镇的 7 万多户私营工商业者（其中多数是小商贩）进行经常性学习，从学文化入手，逐步提高其政治认识，改造其思想，使某明确前途、消除顾虑，从而改进经营作风，提高服务质量，提高工作效率，促进城乡交流。

4 月，省工商联发出《关于县级工商联如何进行工作的几个问题的意见通知》。要求县级工商联依靠当地党委和上级工商联的领导，加强请示报告，做好与有关部门的联系和配合。从工商业者的特点出发，针对不同对象，通过各种形式，加强思想政治教育，反复宣传党对私营工商业社会主义改造的政策、方针，及时向有关部门反映工商业者的合理要求。

6 月，开始开展反右派斗争。

10 月，省工商界的整风运动开始。省工商联相继召开了 32 个市县的汇报会，组织工作组下去检查推动。

1958 年

5 月 10 日,全省工商界加速自我改造"大跃进"汇报会在厦门市召开。会议交流了个人与集体向党交心及自我改造计划的经验与体会。要求全省工商界抓先进、抓典型、抓评比,开展挑应战,把全省工商界加速自我改造"大跃进"运动推向新阶段,会议还鼓励工商业者上山下乡,在劳动中、在生产中锻炼自己、改造自己,贡献才能与经验,参加社会主义劳动竞赛。

11 月 15 日—12 月 14 日,第二届福建省工商界联合会会员代表大会召开。先在各地分散召开,后集中在福州举行。出席代表共计 250 人,其中列席代表 124 人。

大会除做主题报告、介绍经验外,还签订全省工商界1959 年加强自我改造协议书。选举产生新一届省工商联领导机构与班子成员。

陈希仲做"认清形势,加速自我改造,积极投入人民公社化运动"的报告。有关部门分别做了"当前我省工商界的政治思想动态的看法""关于全省工商业者技术贡献的综合报告""关于全省工商业者参加劳动锻炼的专题报告""关于全省工商者家属工作的专题报告"等报告。各地、市、县的工商联、私方代表就如何组织开展自我改造、技术贡献、在工商业者中开展检查评比、组织工商业者参加劳动锻炼及家属工作等做了发言。

会议审议通过了《省工商联三年来财务工作的报告》,

通过了《福建省工商界自我改造竞赛协议书》，签订了《五市（福州、厦门、泉州、漳州、南平）工商青年代表关于贯彻省工商联第二届代表大会精神和协议书的五点协议》。

会议选举产生了省工商联第二届执行委员会，执委会选举产生常务委员会。陈希仲任党务委员会主任委员，陆自奋、蔡竹禅、蔡载经、蔡钟长、丁屯、邓炎辉、丁乃扬任副主任委员，陈正映任秘书长。

1960 年

10 月 26 日—12 月 14 日，省两会召开第二届第四次全体委员、执委联席扩大会议。会议听取了中共中央领导在六个民主党派中央委员会会议上所做的报告的传达和中共福建省委领导的讲话。会议确定通过"神仙会"的形式，贯彻和风细雨的精神，采用"三自"（自己提出问题、自己分析问题、自己解决问题）的方法，对有关当前国内外形势和全省工商界接受社会主义改造以及省"两会"今后任务等问题进行讨论。

1961 年

4 月 8 日，省两会召开常委会联席会议，通过 1961 年共同工作要点和关于推动工商界制定或修订个人及集体改造规划的意见。会议决定加强对工商界进行"顾一头"的教育，由"两会"领导组成工作组深入福州、厦门、泉州、漳州调研,总结经验。

1962 年

5 月,省工商企业精减工作开始。把工商业者下放到合作经济组织的情况比较普遍。一种是国营工厂私方人员随厂下放,变为集体所有制的成员;另一种是国营商业把 1956 年过渡人员下放到合作商店。

1963 年

9 月 17 日,省政协第三届第一次委员会召开,陈希仲当选省政协副主席,丁乃扬、邓崇辉、黄骏霖、刘永业当选省政协常委。

1964 年

1 月 16 日,省、市两委成员在福州市工商联召开支持巴拿马人民反美爱国斗争座谈会,发表坚决支持巴拿马人民反美爱国主义斗争的声明,并参加各界人士举行的示威游行。

1 月 25 日,省两会主委、副主委、秘书长第 86 次联席办公会议决定在省两会机关内部开展"四清"工作。

2 月 4—7 日,省两会召开七个专区促委会和福州、厦门两市主委、副主委、秘书长座谈会,传达贯彻两会中央常委会议精神,学习两会中常委及孙起孟关于"怎样把三个主义教育进行得更加广泛、更加深入"的讲话,总结交流了两年来全省工商界开展"三个主义"教育的情况。

3月14日,省两会下发《关于在省工商界中更加广泛、更加深入地开展爱国主义、国际主义、社会主义思想教育的意见》。

8月10—11日,省两会成员参加全省各界人士反对美帝国主义侵略越南的示威游行,并举行支持越南人民反对美帝国武装侵略座谈会。

11月23—28日,省两会干部对在工商界"三个主义教育"学习会上的两会七位负责人揭所谓的"阶级斗争盖子"。

1965 年

5月,福州市工商联协同市工商局在北峰建立了"自力农场",作为小商小贩劳动锻炼基地,分批分期抽调合作商贩参加定期劳动。

7月18日,省工商联向全国工商联报送"关于资产阶级工商业者生活困难补助工作情况和请求待续拨款的报告"。

1966 年

4月19日,省人民委员会人事局、省民政厅、省劳动局、省卫生厅、省财政厅转发《关于在国家机关事业单位、人民团体以及民主党派工作的资产阶级工商业者退休处理的通知》。

5月16日,"文化大革命"开始,福建省工商联日常工作中断。

1969 年

省工商联被停止活动,工作人员大部分下放。余下少数人员划归省外事组安排工作,直到1977年。

1978 年

开始筹备恢复省工商联。同年,省工商联机构正式恢复。省工商联与民主建国会福建省委员会合署办公,直到1989年1月分开。

参考文献

[1] 福建省地方志编纂委员会：《福建省志·商业志》，北京：中国社会科学出版社，1999 年。

[2] 福建省地方志编纂委员会：《福建省志·人物志》，北京：中国社会科学出版社，2003 年。

[3] 商业部商业经济研究所：《新中国商业史稿》，北京：中国财政经济出版社，1984 年。

[4] 福建省工商业联合会：《福建工商人物传略》，北京：中华工商联合出版社，2009 年。

[5] 高红霞：《上海福建人（1843—2008）》，上海：上海人民出版社，2008 年。

[6] 苏文菁、郑有国：《奔流入海：福建改革开放三十年》，福州：福建电子音像出版社，2008 年。

[7] 张俊杰：《闽商模式》，北京：中国经济出版社，2005 年。

[8] 魏玉祺、张志强：《谋势：从虎都看新闽商的崛起》，北京：北京理工大学出版社，2005 年。

[9] 汪李萍、马海涛：《梦想与智慧的力量：闽商传奇》，北京：中国书籍出版社，2009 年。

[10]《闽商》纪录片。

[11]《闽商的前世今生》,《中国商人》2008 年第 1 期。

[12][意]克罗齐(Benedetto Croce):《历史学的理论和历史》,北京:中国社会科学出版社,2005 年。

[13]福建省委统战部等:《中国社会主义工商业的社会主义改造·福建卷》,北京:中共党史出版社,1992 年。

[14]《改革开放以来福建发展战略综述》,http://www.shanghang.gov.cn/dzzw/dwzw/ztzl/hy30n/zysl/200812/t20081212_6530.htm。

[15]《福建民营企业走过 30 年的辉煌》,http://www.66163.com/Fujian_w/news/bc/gb/20081215/dncj111040.html。

[16]陈钦兰、杨晓兰:《改革开放三十年来福建民营企业品牌发展研究》,2009 年中共福建省委宣传部主办的"我为海西献良策"征文。

[17]刘美桢:《"松绑放权"推动国企改革》,《福建日报》2008 年 11 月 3 日。

[18]全国工商联研究室福建调研小组:《关于福建省行业商会与异地商会的调研情况报告》,2012 年。

[19]《闽商回归:资本热追"跨越机遇"》,《福建日报》2010 年 10 月 26 日。

[20]黄瑛湖:《海外闽商的网络资源及其开发利用》,《福建论坛(人文社科版)》2011 年第 11 期。

[21]李鸿阶、林心淦:《海外闽商资本研究及其政策建议》,《亚太经济》2005 年第 3 期。

[22]张学惠:《海外闽商在福建海洋文化发展中的作用》，《发展研究》2008 年第 11 期。

后　记

　　本书历经周折，终于要出版了，可以松一口气了，几年的心血终于没有白费。它的顺利出版，离不开福建教育学院相关领导的关爱与督促，离不开福建省工商联相关人员无微不至地提供相关史料，离不开福州大学闽商文化研究院苏文菁教授的精心指教，也离不开厦门大学出版社领导和编辑韩轲轲老师的鼎力支持。

　　在本书撰写过程中，从写作提纲的拟定到史料的收集，黄家骅教授、苏文菁教授给了许多帮助，特别是黄家骅教授多次认真修改书编。此外，厦门大学的王日根教授也提出了许多有益的修改意见。在此书即将付梓之际，感激之心难以言表，在此深表谢意！

　　当然，本书还存在许多不足之处，如改革开放后闽商的史料略显不足，如何对闽商做出合适中肯的评价，等等。笔者多次联系福建省工商联搜集资料，但仍感史料不足。如果要对单个闽商进行重点调研，或是一个县一个县地进行

调研,限于时间与精力,恐力有不逮。期望今后能有机会对
这些不足进行完善。

刘一彬

2023 年 10 月 3 日